Documents manquants (pages, cahiers...)

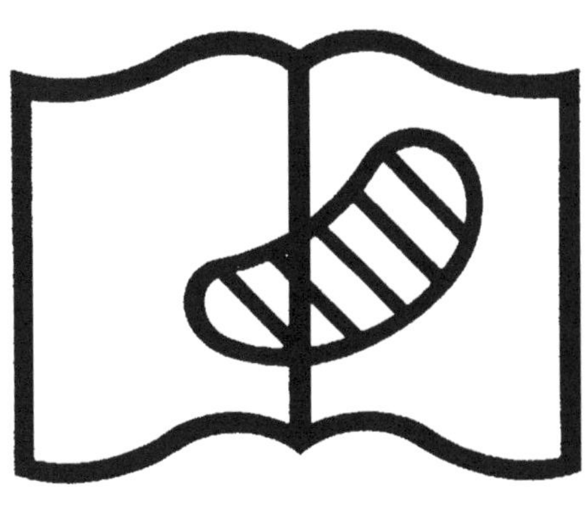

Original illisible

Lâchons l'Asie

Prenons l'Afrique

Onésime RECLUS

Lâchons l'Asie Prenons l'Afrique

Où renaître? Et comment durer?

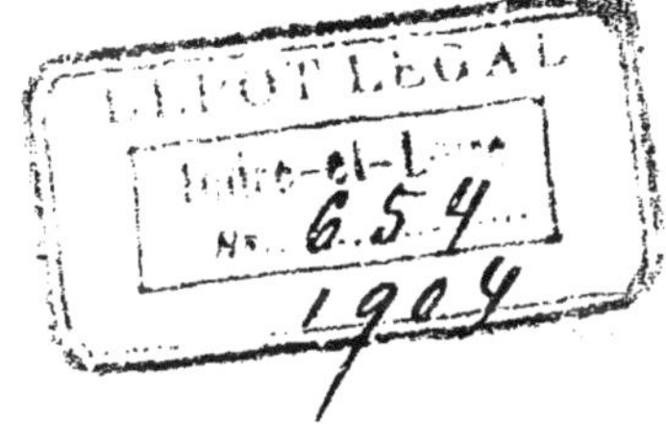

PARIS
LIBRAIRIE UNIVERSELLE
33, RUE DE PROVENCE (IXe)
—
1904

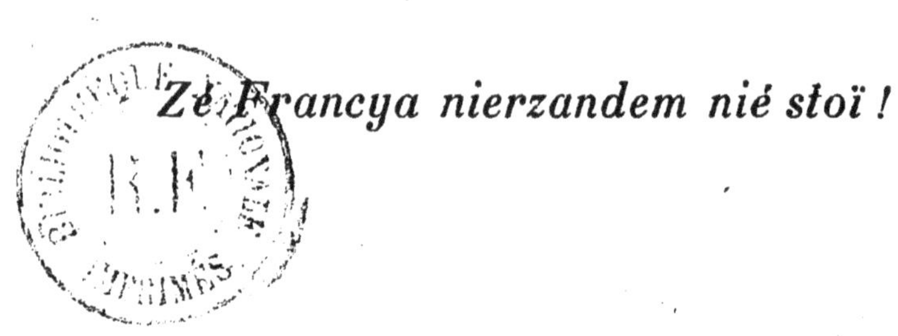

Zè Francya nierzandem nié stoï !

Il ne convient pas que les Français disent de la France ce que les Polonais disaient de la Pologne avant les trois soubresauts de son agonie :

Polska nierzandem stoï.

« C'est le désordre qui soutient la Pologne. »

Or, elle vivait si peu de son désordre qu'elle en est morte.

Ne faisons pas comme la malheureuse nation triplement irrédimée.

Puisque le désordre d'idée qui était derrière le désordre d'action mena les Polonais au cimetière par le chemin du crève-cœur, songeons, nous, à la route contraire : celle de l'ordre, de la réflexion, de la prudence, du fait hardi, mais sage et très longtemps médité.

Retournons la fatale devise et disons :

Zé Francya nierzandem nié stoï !

C'est-à-dire : Que la France ne s'appuie point sur le désordre !

Et alors l'histoire ne racontera pas à la postérité la ruine de notre peuple, après une tragédie plus grandiose que celle qui raya les hommes de la Vistule et de la Varta, de la liste des nations libres.

Car la France n'est pas comme la Pologne un lion qu'il suffisait de percer au cœur ; c'est une hydre de terre et de mer dont il faudra couper toutes les têtes.

Et parmi ces têtes, il en est deux au moins d'où la vie ne fuira qu'après une longue agonie : l'une à Paris, l'autre à Alger, Bizerte, Fez ou Tanger.

I

LA POLOGNE

Entre trois ennemis conjurés : la Russie que, depuis cinq cents ans, rien, ni Dieu, ni Diable, ne peut arrêter; la Prusse, sèche, méthodique, tenace, brutale, et l'Autriche, habile à diviser pour régner, la Pologne était prise au piège. Le marais et la forêt la défendaient, mais trop peu la montagne. *Polé*, c'est Plaine, et si quelques jours de pluie font de cette plaine la fondrière d'embourbement, presque d'engloutissement, l'été la durcit pour les armées, les canons, les convois ; l'hiver y cristallise en une nuit des ponts de glace vingt mille fois plus larges que longs, car ils vont des premières fontaines de la rivière à son confluent avec le fleuve; et la neige y trace les rails d'un chemin de fer universel.

Elle avait la vie très difficile, parce que « toute maison divisée contre elle-même périra ». Destinée à trois sections au couteau, elle-même était tricéphale : elle pensait en polonais sur la Visla ou Vistule et dans le bassin de l'Oder; en lithuanien, langue d'antiquité vénérable, sur le Niémen et la Dvina du Sud, tributaires de la Baltique; en ruthène ou petit russe et autres dialectes slaves sur le Dnièpr et le Dnièstr, affluents de la mer Noire. Dans la Pologne essentielle, la Pologne polonaise, on baissait le front devant le crucifix des prêtres de la religion catholique, apostolique et romaine; au bord de la Baltique on écoutait le prône des pasteurs luthériens; dans les campagnes sans fin du Dnièpr, du Pripet, du Boug méridional, du Dnièstr, les popes chapitraient les fidèles sur des textes empruntés au slavon d'église, qui est le latin des peuples de la confession grecque orthodoxe. Donc, trois langues et trois croyances.

Étant tricéphale, elle était acéphale.

Son centre nerveux, la diète, était détraquée jusqu'à la folie furieuse.

Elle ne dictait point au roi les volontés du peuple, de la *rzecs pospolita* ou république polonaise, parce qu'en réalité il n'y avait pas de peuple en Pologne, mais seulement des serfs méprisés, foulés aux pieds, absolument misérables.

Cette assemblée stupide, où un seul *non* paralysait légalement tous les *oui*, ne représentait que les ambitions, les avarices, les privilèges, les tyrannies d'une turbulente noblesse.

A force de crier, le sabre au poing : *liberum veto*, ce qui veut dire à peu près : je vote contre, en homme libre, les nobles polonais ont fait de la Pologne une esclave.

Politiquement seulement : car, moralement, la Pologne est toujours libre, elle a conscience d'elle-même.

II

L'EMPIRE FRANCAIS

Combien plus diverse est la France, combien plus éparpillée, plus divisée par les antagonismes de sols, de climats, de races, de religions, de politiques, de coutumes : mais à son corps énorme, amorphe, encore boiteux, bossu, tortu, dégingandé, ridicule, il n'y a qu'une tête, une tête puissante.

Car il ne s'agit pas ici de la seule France « maternelle », avec ses Français, la plus homogène des nations de l'univers et, heureusement autant que malheureusement, la plus centralisée de toutes; mais de la France « générale », la France mondiale, la France majeure, qui est américaine, africaine, asiatique, océanienne, et adore, d'habitude ou de bonne foi, le « Dieu inconnu » en cent idiomes différents.

A cette France majestueuse en étendue, à la fois amorphe et polymorphe, manquent des îles, des rivages, des blocs continentaux, anciens maillons de la chaîne, maintenant brisée, dont la vieille France avait essayé d'immobiliser le monde : l'ennemi de tout temps et en tout lieu, l'Anglais règne aujourd'hui sur ces débris de ce qui fut notre premier Empire.

Le tour du monde nous est douloureux. Un peu partout, des lieux qui furent nôtres n'ont gardé de nous qu'un vain souvenir.

Ou bien, si l'on y a conservé la langue du dix-septième siècle, dont on disait au dix-huitième : « Ce n'est plus seulement la langue française, mais bien la langue humaine », notre idiome y est, ici menacé comme au Canada, là condamné comme au long des tortueux bayous de la Louisiane.

III

LA FRANCE OCÉANIENNE

Qu'y a-t-il de palpable, d'important, d'imposant dans la France océanienne ?

Rien.

Par quelle étrange aberration nous obstinons-nous à rêver de l'avenir où il n'y en a pas, de la puissance où il n'y a que faiblesse, de l'agonie où se montrent les signes avant-coureurs de la mort ?

On peut tromper l'ignorant, l'étourdi, l'ingénu, l'illuminé, avec ce grand nom de France océanienne ; mais, au vrai du vrai, qu'est-elle, cette terre de reflorescence au sein de la plus vaste des mers ?

Un paradis sans doute, mais le Paradis était bien petit, qui put suffire à Adam, à Ève, et dont ils partirent avant de s'être renouvelés en fils et en filles. C'était un jardin de fraîcheur au pays soleilleux d'Orient, sur un fleuve qui, si nous en croyons la Genèse, se divisait, à sa sortie du verger, en quatre rivières : Pisçon, Guihon, Hiddekel, Euphrate. Le lieu de délices n'était qu'une oasis, une palmeraie égayée du murmure des fontaines ; et nos archipels de la mer Pacifique ne sont aussi que des égrènements d'oasis.

En vain le plus doux climat du monde caresse de ses tièdes effluves les corbeilles de verdure de notre Océanie, et aussi le climat le plus sain, parce que la terre, mère des germes, des poisons, des microbes, des exhalaisons, des effervescences, y subit la loi de l'Océan, père de l'air pur, de la brise et du sel antiputréfacteur.

Taïti, Mooréa, les îles de la Société, les Marquises, les îles Basses, l'Archipel Dangereux, les Gambier, les Wallis, la foule des Français voit là pour le moins des Autriches, des Espagnes, des Allemagnes, des Italies; tel de nos aimables Parisiens prendrait les îles Wallis pour une Grande-Bretagne et Clipperton pour une Sicile. Or, Clipperton n'a que 6 kilomètres carrés, et avec leurs 9.600 hectares les Wallis ne sont même pas aussi grandes que Paris augmenté de sa plus proche banlieue. Taïti, qui ajouterait une beauté sans seconde aux beautés de la Côte d'Azur (et alors elle nous serait infiniment précieuse), n'a pas même l'étendue d'un de nos arrondissements moyens.

La Nouvelle-Calédonie seule a sa petite ampleur; elle fait plus que doubler la Corse. Mais qu'est-ce que deux fois l'île où naquit Napoléon et où Colomb ne naquit pas, quoiqu'on dise, à côté de l'Australie anglaise, quatre cent quarante-quatre fois plus vaste? Ce n'est même pas, en comparaison avec la France, la moitié de ce minime Luxembourg qui envoie à la France tant de balayeurs et tant de braves gens!

La Calédonie est à moins de 1.500 kilomètres de l'Australie, terre anglaise, à pas moins de 1.600 de la non moins anglaise Nouvelle-

Zélande, tandis qu'il y en a plus de 22.000 entre sa rive antipodale et la rive de France. Or, les corps s'attirent en raison directe des masses et en raison inverse du carré des distances. Quelle prise a donc l'énergie française sur la Calédonie, en comparaison de l'énergie dite anglo-saxonne ? A quindécuple distance, Paris, l'incomparable Paris lui-même, attirera moins nos Calédoniens que la belle, heureuse, gracieuse et lumineuse Sydney, surtout si le temps fait de Sydney un Paris.

Cette longue Calédonie, Taïti, les Marquises, les archipels de corail, les îlots volcaniques, toute l'Océanie supposée d'avenir français tombera, de force brute, ou peut-être même de bon gré, dans la mouvance britannique ; le destin ne manque jamais ceux qu'il a désignés ; on ne rattrape pas les siècles perdus en guerres civiles et en guerres étrangères, en insouciance, en ignorance, en lâcheté, en « philosophie », en discours accumulés à millions pour le pour ou le contre.

Si même nous doublions la Nouvelle-Calédonie des Nouvelles-Hébrides, le tout ensemble ne serait ou ne sera que le *trau de reun* des Saintongeais, le morceau de rien, le rien de rien, le moins que rien.

C'est un bien bel archipel, ces Nouvelles-Hébrides, qui ressemblent aux Hébrides écossaises, comme la Nouvelle-Calédonie à l'Écosse, et le jour à la nuit ; il n'y a par ici rien pour rappeler les brumes, l'éternel embrun, la mer toujours sourdement impatiente ou tapageusement irritée, les lacs mélancoliques, les bruyères, les vingt heures de lumière contre quatre de ténèbres ou les vingt d'obscurité contre les quatre de lumière, la nature sombre, triste, pleurante et comme inconsolable du pays des Highlanders ; mais tout au contraire de superbes beautés rayonnantes, monts clairs, sylves tropicales, les vallées enlianées, et le mariage toujours profusément fécond du soleil avec la pluie.

Dépendance naturelle de la Nouvelle-Calédonie, leur voisine, nous eûmes la niaiserie de ne pas les annexer, alors que rien n'était si facile, en même temps que l'île, où nous avons presque autant de forçats que de colons libres. Maintenant l'Australie nous les dispute ; comme elle a la mâchoire tenace du bouledogue, alors que nous lâchons aisément prise, nous ne les posséderons jamais, ou nous n'en obtiendrons que la moitié, ou, si nous voulons le tout, il faudra céder ailleurs, car avec les Anglais et leurs « dérivés », c'est toujours donnant, donnant!

Au lieu de prétendre, trop tard, à toutes les Nouvelles-Hébrides, il vaudrait mieux les lâcher toutes à l'Angleterre contre compensation loyale en Afrique.

Loin des yeux, loin du cœur! Le proverbe a raison.

Le moindre îlot de notre voisinage nous importe plus que les archipels égrenés de l'autre côté du monde.

Or, notre voisinage, c'est l'Afrique du Nord.

Il ne nous faut pas, à nous Français, le regard du lynx pour la découvrir dans le fouillis des terres : elle nous crève les yeux, au midi, de l'autre côté d'un grand lac aux vagues amères.

IV

LA FRANCE AMÉRICAINE

Bien que trois à quatre fois plus près de nous, notre Amérique ne vaut pas beaucoup mieux que notre Océanie : c'est là surtout que la justice immanente des choses nous a punis de nos erreurs.

Perdu le Saint-Laurent, prince des flots de cristal; perdu le Niagara, roi des bonds dans l'abîme; perdue la mer d'eau douce des cinq grands lacs; perdues les Rocheuses; perdu le Nord-Ouest dont il semble qu'aucun horizon ne le bornera jamais, tant il se déroule infiniment, pareil à lui-même, autour de ses lémans d'eau froide; perdus le wigwam de l'Indien, les sentiers du bison, les routes de canots, le Mississipi, puissant comme la mer, la Louisiane, et Haïti, l'île miraculeuse ! Perdue la Guyane : car, que nous reste-t-il de cette immense île continentale entre l'Océan, l'Orénoque, le Cassiquiaré, le Rio Negro et le fleuve des Amazones ?

Ainsi se résumèrent la folie des rois et des ministres, la prétentieuse imbécillité des « savants » et des « intellectuels », la sottise de Voltaire après la sagesse de Colbert et de Vauban, les intrigues des courtisans et des courtisanes, et le fleuve de sang frivolement, donc criminellement répandu.

Saint-Pierre et Miquelon, la double île moruyère qui a par an quatre-vingts jours de neige, cent trois de brouillard, cent soixante-neuf de pluie, avec quelques rares soleils en été, répond à peu près au *cinquante millième* de ce qui fut notre domaine en Amérique du Nord.

La Guadeloupe et les îlots de son archipel, la Martinique assassinée par son volcan, nos Antilles réunies n'enlèvent pas à la mer une aire égale à la moitié d'un département de la vieille France. Ce serait vraiment pitié que d'avoir l'esprit assez court, assez dénué de sens, pour dépenser de gaîté de cœur des millions à fortifier ces îles en prévision d'un ennemi contre lequel on ne pourra jamais les défendre.

Cet ennemi, non pas peut-être d'aujourd'hui, mais sûrement de demain, le bon Oncle Sam n'hésitera pas une minute à nous en débarrasser dès qu'il y trouvera son petit intérêt. Le jour venu, quelque syndicat de financiers canalisera la volonté du peuple. Les Yankees, ne connaissent qu'eux, n'admettent qu'eux au monde, et voici que l' « Etoile de l'empire » ne guide plus les « Impériaux » vers l'ouest, mais vers le midi !

Et la Guyane française ? Vit-on jamais pareille misère ? Ses criques ombragées de palmiers furent pour nous dans l'Amérique du Sud, au début du siècle le plus grand de la grandeur française, ce qu'étaient dans l'Amérique du Nord les baies de l'Acadie, les fjords assombris de sapins et le port à la fois maritime et continental de Québec, au seuil d'un demi-continent qu'on pouvait coloniser à moitié, aux trois quarts, sinon même en entier, la France étant alors un peu la maîtresse du monde.

Trois cents ans après, tout l'espoir est parti, toute la honte reste. Un arbitrage a réduit à rien les prétentions de la France. Nous revendiquions la côte de l'Atlantique jusqu'à l'embouchure de l'Araguary, qui se confond presque avec l'estuaire du fleuve des Amazones; puis, dans l'intérieur, nous demandions à nous étendre jusqu'au grand Rio Branco, tributaire du grand Rio Negro, le long du Yari, du Paru, du Trombetas, du Nhamunda, de l'Urubu de Silves et autres feudataires gauches du très grand Rio de Solimoens : soit douze cents kilomètres d'orient en occident, sur cent cinquante à trois cents du nord au sud, espace largement égal à 40 des 87 départements de la France. Les arbitres ne nous ont pas même reconnu ce que le Portugal, puis le Brésil nous avaient offert de bonne grâce : la frontière du fleuve Carsevène ; et la Guyane demeure, comme ci-devant, un pays de huit millions d'hectares avec trente mille habitants.

C'est donc vrai : gens du bagne, garde-chiourme, nègres soumis, nègres marrons, Indiens dispersés dans les cabanes des bois, métis et noirs venus de Martinique ou de Guadeloupe, planteurs, mercantis et cabaretiers, l'armée, la marine, le contingent silencieux des bureaucrates, tout cela ne fait que trente mille Guyanais !

Et dans quel pays demeuré barbare végètent ces rarissimes « Français équinoxiaux », parmi lesquels si peu de Français de France ! Pas un chemin de fer, pas de routes, tout au plus quelques sentiers. Pas une avenue, une seule, entre beaux ombrages (et la Guyane est une région d'arbres superbes comme d'arbres précieux), pas une *via imperialis*, ou *provincialis*, ou même *rustica*, pour s'évader des fanges littorales et passer en quelques lieues — car il n'y a que quelques lieues — de l'étuve palustre, de l'air étouffant, des soleils plombés, à la lumière franche, à l'espace libre, à l'air qu'on aspire avec une avidité reconnaissante. Quant aux colons, ils n'ont peut-être pas défriché, durant ces trois siècles, autant de mètres carrés de terrain qu'il y a de pages de paperasses consacrées à la Guyane sur les folios et versos, dans les archives, bibliothèques, armoires, casiers et tiroirs de nos honorables bureaux.

Trente mille Guyanais après trente décades de maîtrise ! Au bout d'une telle inertie, comment la France oserait-elle condamner les arbitres, même injustes ? En quoi méritions-nous, toute justice à part, d'être épargnés par eux, nous qui, durant trois cents ans, plus que le temps de la naissance, croissance et dominance des États-Unis, n'avons pas réussi à faire de la « France équinoxiale » — pas moins que cela dans l'esprit et la parole de ses fondateurs — l'égale en valeur du moindre canton du Nord, du Pas-de-Calais, ou du plus pauvre arrondissement des Alpes déchirées ?

Pourtant, nous avions à côté d'elle, dès le dix-huitième siècle, pour l'élever au rang d'empire, une superbe réserve d'énergie dans les Antilles françaises : des créoles aux innombrables rejetons, des Nègres francisés, les Blancs, les Noirs, les « café au lait », qui avaient créé la Martinique, la

Guadeloupe, la Dominique, Sainte-Lucie, Saint-Domingue et, en partie, Cuba et la Trinité !

Ainsi, le marais y est toujours marais, la forêt forêt, et la savane savane, malgré les douze ou treize mille victimes blondes ou brunes, — blondes surtout en tant qu'originaires pour la plupart des pays du Rhin, — qu'on y empila d'un coup après la perte du Canada ; quelque trente à quarante ans plus tard, on y versa un lot de politiciens, mais étant politiciens, la France n'y perdit pas et la Guyane n'y gagna point.

Puis, quand, la rougeur au front pour tant de sottise et d'incurie, on résolut d'arracher la Guyane à son néant, on a vidé les bagnes de la France dans la « Colonie du Désespoir », dans le « Cimetière des Européens », à tort ainsi nommé funèbrement : on en convient aujourd'hui, Cayenne est une terre de santé dès qu'on a quitté la zone empestée des mangliers et des palétuviers, le marécage, la fondrière, la crapaudière du pipa, crapaud encore plus hideux que les autres, pour la savane claire et la rive des fleuves interrompus de sauts et de rapides ; le canot qui remonte, de portage en portage, arrive sous un air toujours salubre au pied des Tumuc-Humac, monts au midi desquels d'autres rios aux noms indiens ou portugais descendent, cassés de cascades, à la rive gauche du premier des fleuves.

Puisque la Guyane avait perdu trois siècles que rien ne pouvait nous rendre, puisque l'heure était passée d'y tenter un Brésil français à côté du colossal Brésil lusitanien, il semble que, parmi nos gouvernants de malheur, un sage aurait dû comprendre le néant de notre avenir « équinoxial ». Agissant délibérément dans la voie française, qui est la voie latine et non certes l'anglo-saxonne, cet homme de sapience aurait dit aux Brésiliens : « Ce pays est vôtre, de par votre persévérance et, plus encore, de par notre obstination de paresse, et même de lâcheté. Du Maroni jusqu'à l'Oyapok, qu'il soit ou non la rivière Vincent Pinzon, dont nous disputons depuis si longtemps, prenez nos fleuves côtiers et qu'ils suivent, en votre faveur, le destin du prodigieux Amazone ! »

Mais nul n'a compris qu'ici le jour était venu de dire avec Hugo :

Laissez tout ce qui tombe,
Tomber !

Les millions de l'indemnité guyanaise auraient valu des milliers de colons à l'Algérie ; réalisés au bon moment en énergie militaire, ils auraient amené les Français dix ans plus tôt sur le Nil, et nous n'aurions pas ouï la lamentation de Fachoda.

Et maintenant pourquoi nous embarrasser de cette ridicule France équinoxiale ?

Que nous vaut-elle ? Qu'y ferons-nous ? Et qu'y pouvons-nous faire ?

Ajoute-t-elle un atome à notre force, ou ne nous est-elle pas, au contraire, une faiblesse ?

« Qui terre a, guerre a », dit la sagesse des temps.

Espérons pourtant que nous n'aurons pas le malheur de perdre du sang, non pas même une goutte, et si loin de nos horizons, pour les criques déplorables du pays de l'Impuissance française.

V

L'ASIE FRANÇAISE

A regarder l'avenir en face, l'Asie, malgré toutes ses richesses, toutes ses splendeurs, toutes ses promesses, est la plaie ouverte au flanc de l'empire français.

L'instant présent sourit à l'Indo-Chine, et il semble bien que tous les instants lui souriront jusqu'à ce que le froid planétaire glace à jamais notre boule, ou qu'un cataclysme nous disperse en débris, ou qu'un nouvel amour entraîne la terre vers un nouveau soleil.

La nature s'est ingéniée pour les pays d'Annam.

Ils s'épanouissent en Fleur du Levant, sous le même astre que les Antilles, qui furent la joie, la fortune et l'orgueil des planteurs ; entourés d'eau de tous côtés, ils ressembleraient de très près aux plus enivrantes des îles de la Sonde, avec un fleuve tel qu'aucun de ces paradis de l'Équateur et du Tropique n'en a de pareil. Le Mékong part de monts qui pointent parmi les plus hauts du monde ; ce *Capitaô das aguas* du Camoëns frôle, dans son delta, des lianes presque équatoriales, à mille ou douze cents lieues des lacs désolés et comme désespérés du pays de ses origines.

Que de grâces à rendre au souverain concours des forces, si cette presqu'île pénétrait, non la mer des Indes, mais la mer Atlantique, au bout de notre Sénégal ou de notre Guinée, de notre Côte de l'Ivoire, de notre Gabon. Par bien grand malheur la nature l'a collée au monde à nous antipathique, au monde chinois, hors de notre vrai rayonnement, trop loin des bras maternels, au pôle attractif des ambitions contraires, là où d'autres, Russes, Anglais, Yankees,

Japonais sont plus puissants que nous.

Ce monde à nous étranger, cet éloignement, ces ennemis, la contiguïté avec les Chinois incoercibles, voilà, si l'on osait parler mythologiquement, voilà bien la robe de Nessus.

Présent fatal que le sort eût dû nous épargner! Pourtant ceux qui l'ont mis à nos pieds étaient d'ardents patriotes.

Mais ils n'avaient pas compris qu'il ne faut pas outrepasser sa force, surtout là où l'on est très faible; nous le sommes en Indo-Chine, à quatre mille lieues de chez nous et séparés de Cochinchine, Cambodge, Laos, Annam et Tonquin par la plus compacte des masses continentales, au delà de Suez comme du cap de Bonne-Espérance.

A quoi bon se bercer d'une fausse espérance, heurter du front l'impossible, se casser la tête contre la muraille?

Pourquoi tant d'efforts, là justement où l'avenir, sinon même le présent, nous menacent de tant de désastres?

Le ciel de l'Extrême-Orient n'est pas un ciel serein.

VI

GRANDEUR DE NOTRE ŒUVRE INDO-CHINOISE

Tout ce qui peut faire douter de l'issue d'une entreprise à long terme qui n'est pas un simple coup de force, un tonnerre passager, se coalise ici pour nous interdire une foi vive en une Asie française immortelle, ce qui veut dire, humainement parlant, une Asie durable. Pourtant l'œuvre accomplie déjà est immense, les peuples indo-chinois sont soumis, les régions dont l'Indo-Chine est faite, y compris le Siam réservé à l'influence française, constituent un domaine très supérieur en étendue à la France et destiné par la supériorité d'un climat très chaud et très pluvieux à porter, quelque jour, un peuple beaucoup plus nombreux que le peuple des Gaules.

Trois axiomes courent le monde, axiomes fondamentaux :

Les Français ne sont pas colonisateurs ;

La France n'a que des colonies et pas de colons ;

Les colonies françaises n'ont d'autres habitants que des soldats, des douaniers et des fonctionnaires.

Cependant, malgré qu'on en ait dit, et quoi qu'on en dise toujours, l'Indo-Chine renferme relativement bien plus de colons français au bout d'un demi-siècle de conquête au sud et de moins d'un quart de siècle au nord, que l'Inde de colons anglais après cent cinquante ans de domination.

C'est une vérité qui n'entrera pas de sitôt dans la tête de nos « Anglo-Saxonisants », car tout fanatisme comporte des yeux pour ne point voir et des oreilles pour ne point entendre.

Des œuvres magnifiques, des ponts, des routes, des chemins de fer, des villes naissantes, des bourgs, de grandes fermes, un essor de richesse, de population, absolvent la conquête, parce que la suprématie est bienfaisante.

La nation des Annamites s'accroît ; les rizières dont vit ce peuple sobre s'étendent partout où les rivières peuvent arroser des plaines ; la montagne dont s'accommodent mal ces gens des campagnes inondées, des rives de mer chaudes, leur inspire moins de terreur, ils commencent à la coloniser. Une grande voie ferrée les rapproche de leurs cousins, amis et éducateurs les Chinois ; beaucoup d'entre eux s'adonnent à la langue française, il y a peu d'années encore aussi inconnue de ces Orientaux que les idiomes de la Lune, disons plutôt de la planète Mars, puisque la Lune est probablement inhabitée, tandis que les Martiens nous font, paraît-il, des signaux d'appel.

Pour un peuple non colonisateur, les Français ont fait ici de telles merveilles que nos quarante à cinquante ans d'Indo-Chine nous absolvent de nos trois siècles de Guyane : nous pouvons être fiers de notre œuvre.

VII

DANGERS QUI MENACENT NOTRE INDO-CHINE

Vraiment le présent est superbe pour notre Indo-Chine, mais il faut baisser la tête devant les soucis de l'avenir.

Quelle prise peut avoir la France, à pareil éloignement, sur un ensemble de peuples dont on peut dire qu'ils n'ont pas le crâne fait comme nous ?

Rien qu'à la vue des Jaunes, — or, les Annamites sont des Jaunes — une sorte d'instinct nous avertit, semble-t-il, qu'ils ne font pas partie de la même humanité que nous ; tout au moins que leur humanité n'est pas absolument la nôtre.

Lors des diverses expositions, coloniales ou non coloniales, les beaux messieurs, les belles dames, le simple populaire s'approchent avec sympathie du Nègre, du Négroïde; avec une certaine antipathie, du Jaune et du Jaunâtre.

Le Nègre est grand, athlétique, d'un charmant et très bon sourire ouvert sur d'admirables dents blanches.

L'homme dit mongoloïde est en moyenne petit, atténué, laidement féminin; son sourire n'a rien de gracieusement spontané, autour d'une bouche ouverte sur des dents ensanglantées par le bétel, qui mène à la gingivite expulsive.

Le Noir ne se présente pas toujours à nous sous le « masque » noir : une foule de peuples et sous-peuples que nous rangeons sous le nom de Nègres ne sont pas nègres : tels les Abyssiniens, les Nubiens, les Gallas, les Peuls; des millions de Soudanais, de Nilotiques brillent, en éclat sombre, mais brillent tout de même d'une beauté parfaitement égale, sinon supérieure à l'européenne : que de Blancs envieraient leur pur ovale, leur nez fin, droit ou aquilin, distant du nez camus, trapu, écrasé, épaté du Mongol ou Mongoloïde « comme l'Orient est éloigné de l'Occident », leurs dents, rangées de perles blanches, leurs yeux ardents ou leurs yeux humides, qui sont, comme on dit, des yeux de gazelle, leurs cheveux « noirs comme l'enfer ». Comme peau, d'ailleurs, ils ne sont pas noirs, mais bronzés, simplement assombris : c'est qu'aussi si leurs ancêtresses furent de race nègre, leurs ancêtres furent de race claire : au moins s'explique-t-on par cette antique miscégénation leur apparence physique autant que leur supériorité mentale sur les Noirs « essentiels ». Quant aux mélanges modernes entre Blancs et Négresses, ils ont mis au monde de superbes créatures, principalement des femmes magnifiques, mulâtresses, quarteronnes, octavonnes ; tandis que la rencontre des Blancs et des Jaunes n'a rien encore créé que de vilainement médiocre.

A reprendre la comparaison physique des Noirs, même des Noirs « cirage » avec les Jaunes, même les plus agréables à voir, il y a chez le Nègre quelque chose de jeune, de puéril, d'enfantin qui nous charme, et chez le Jaune quelque chose de vieillot qui nous répugne au premier contact.

Cette hésitation à reconnaître les Annamites, les Chinois, les Japonais et tous autres Jaunes comme de vrais consanguins ne peut pas être sans cause ; puisqu'elle existe, elle répond sûrement à quelque intime discordance d'être : un abîme caché nous sépare, étroit peut-être et sur lequel on jettera, l'heure venue, le pont de la concorde ; peut-être très large et qui ne sera pas surponté sans d'extraordinaires efforts, avec la complicité patiente du temps.

Il demeure évident qu'entre eux et nous il y a disparité de pensée : ils n'envisagent pas le monde comme nous l'envisageons, et de cette compréhension différente des choses résultent deux civilisations antinomiques, très puissantes toutes les deux : la nôtre plus agressive, la leur plus résistante.

Sans se préoccuper de choisir entre l'une et l'autre, de proclamer la supériorité de l'homme à barbe ou du glabre, il demeure évident que l'œuvre de conquête véritable, d'assimilation et francisation que nous tentons en Indo-Chine est la plus malaisée qui se puisse concevoir ; à supposer qu'elle ne soit pas de toute impossibilité et que le vaincu ne l'emporte enfin sur le vainqueur par la force infinie qui gît obscurément dans l'apathie sournoise.

Trop distants, trop peu nombreux, guère essaimants, moins aptes au Tropique, à l'Equateur que l'Espagnol, le Portugais, l'Italien, nous n'avons d'autre recours contre l'Indo-Chine que dans le remplacement pur et simple de la langue monosyllabique de là-bas par celle où le nombre des syllabes d'un mot va de un à dix, et l'une des moins accentuées qui se parlent ; tandis que l'annamite est plus qu'accentué : il ne se martelle pas seulement, il se chante ailleurs que dans le chant, dans le discours lui-même, par tons neutres, ascendants, descendants, aigus, graves, et d'autres tons encore.

Mais, pour ne rien dire de l'autorité suprême dont les Russes seront vraisemblablement investis en Asie, la substitution de la langue parfaitement civilisée à celle qui ne l'est qu'à demi demanderait bien des générations, et le français n'est pas seul à lutter en Extrême-Orient contre les langues « jaunes » : il y a l'anglais, il y a l'allemand, il y a surtout le chinois, idiome politique, administratif, social, littéraire de plus de quatre cents millions d'hommes ; et il y a le pidgin.

Qu'est-ce que le pidgin ?

C'est une langue du genre sabir, une bouillabaisse anglaise avec quelques épices chinoises.

On méprise de très haut ces sortes d'argot, sans se rappeler que telle langue de haute fierté, le latin par exemple, fut lui aussi, à ses origines, une bouillabaisse de mots osques, sabins, samnites, étrusques, de plus en plus accommodés à la grecque ; le français avec ses racines latines, germaniques, celtiques, orientales et autres est une bouillabaisse ; et bien plus encore l'anglais, qui va conquérant sa grande part du monde.

VIII

L'ANGLAIS PIDGIN

Le pidgin tire son nom, qu'un bon Français rapporte tout naturellement à pigeon, d'un mot jadis nôtre et qui certes n'a plus l'air de l'être : *business,* prononcé *bisness,* qui vient de notre *besogne.*

Pour que *business* devînt *pidgin*, il fallait qu'il passât par la bouche des Chinois, qui, comme on l'ignore, défigurent plusieurs de nos consonnes et ne peuvent pas absolument prononcer notre *r*.

Les Chinois, donc, se trouvant en contact avec des Européens dans les ports ouverts au commerce de l'Europe, n'eurent d'abord affaire qu'aux seuls Anglais, soit d'Angleterre, soit d'Amérique; ce furent des mots anglais qu'ils apprirent, non des français, des allemands, des italiens, des russes ; et ces mots, ils les distordirent de la belle façon. Ainsi nomment-ils le Christ : *Ki-si-li-tou-si.*

Le fond de ce sabir, c'est l'anglais, et de beaucoup ; c'est ensuite le chinois ; le français ne lui a donné que deux mots : *Vous savez*, qui veulent dire en pidgin exactement ce qu'ils signifient en notre langue.

Point d'article ; pas de genre ; un adjectif invariable toujours avant son substantif, comme en anglais ; point de conjugaison : c'est la simplicité même.

Cet anglais pidgin est, en réalité, de l'anglais, moins grammatical que l'anglais classique, si peu grammatical lui-même; un nombre très grand de Chinois littoraux ou fluviaux le parlent à la perfection ; il leur est de la plus grande utilité ; et ce patois qui nous semble grotesque contribue pour beaucoup à la royauté présente de la langue britannique en Extrême-Orient. C'est peut-être en pensant à la diffusion de ce jargon plutôt qu'à celle du verbe officiel dont il est la caricature, que le vice-roi des Indes, lord Curzon, a pu dire :

« L'avenir de prépondérance dévolu à la Grande-Bretagne en Extrême-Orient sera favorisé par la propagation de la langue anglaise, qui a pour destin infaillible de devenir le langage de l'Orient-Extrême. Ses sons résonneront dans tous les pays, et ses mots jusqu'à la fin du monde.

« Que ce splendide avenir ne soit pas un vain rêve de l'imagination, qu'il doive se réaliser avant un temps indéfini, nul n'en doute parmi ceux qui ont voyagé en long et en large dans l'Asie Orientale.

« Seule, une dégénérescence morale de la race anglaise pourrait jeter une ombre de doute sur cet avenir. »

L'ombre de doute s'est fort épaissie depuis que la Russie va de la Prusse à Port-Arthur ; mais l'anglais pidgin reste pour l'instant une langue « saxonne » vivante et très vivante, qui accroît encore les difficultés que rencontre le français en Extrême-Orient.

IX

DURÉE INDÉFINIE DU MONDE JAUNE

Nombre de gens croient que l'Européen vaincra facilement à bref délai l'« Extrême-Oriental », et l'on peut le croire avec eux. Rien ne paraît de force à résister désormais avec succès à l'ascendant des enfants de l'Europe, si formidablement armés par la mathématique, la physique, la chimie et déjà plus que triomphants en Amérique, dans le double continent, qui n'est qu'une Europe agrandie, comme aussi en Océanie, dans la moitié septentrionale de l'Asie, et d'ores et déjà suzerains dans le grand triangle africain des Noirs, des Noirauds et des Berbères.

Mais il se pourrait très bien aussi que la victoire définitive des Occidentaux ne fût ni facile, ni prompte : il y a des ressources infinies d'inertie, de procrastination, des puissances de longue durée dans la civilisation chinoise ; elle est debout depuis si longtemps qu'elle a peut-être acquis un principe d'éternelle existence.

Ils ont donc presque sûrement tort ceux d'entre nous qui se sont dit : « Nous touchons à la Chine par 2.300 kilomètres de frontière, au pourtour de notre Indo-Chine, vaste de quatre-vingt-quatorze millions d'hectares, pas moins, en y comprenant la zone d'influence dans le Siam jusqu'à l'aigueverse entre Mékong et Ménam. A mesure que nous aurons policé les pays du Mékong et du Fleuve Rouge, amené de jour en jour les Indo-Chinois à la langue française, autrement dit à une manière différente d'exprimer les choses, et peu à peu de les concevoir, nous étendrons notre influence politique, sociale, éducatrice sur les Chinois méridionaux ; ainsi, de proche en proche, nous ajouterons beaucoup de Chine à notre Indo-

Chine, et, le temps aidant, la France « extrême-orientale » aura passé de sa primitive étendue cochinchinoise, égalant à peine une province, à celle d'un grand et magnifique empire. »

Or, avons-nous vraiment raison d'invoquer l'aide du temps contre la nation qui jusqu'à cette heure brave le temps plus qu'aucun autre peuple, nous qui sommes les plus impatients des humains ? Nous tournons à toute doctrine ainsi que la girouette à toute poussée de l'air ; comme la toupie nous ronronnons : vain bruit qui s'affaiblit, la toupie vacille et tombe.

Tout en comptant, probablement à faux, sur le temps, nous ne tenons pas compte du lieu. Or, il est loin de nous « comme la lune », à travers des flots que nous ne dominerons jamais, en face de rivaux plus nombreux, plus audacieux, puissants et persévérants que nous, non pas comme hommes, mais comme gouvernement, comme nation, comme syndicat ou raison sociale : les Russes qui confrontent à l'Empire chinois sur 8.000 kilomètres, le cinquième du tour du monde; les Anglais, maîtres de l'Inde; les Yankees que l'Europe, n'osant appliquer la loi du talion par une contre-doctrine de Monroe, a laissés béatement s'emparer des Philippines; les Allemands, solidement établis au Chântoung, entre les deux grands fleuves du monde hostile au nôtre, le Hoang-Ho ou Fleuve Jaune, et le Yang-tsé-Kiang ou Fleuve Bleu, qui est jaune aussi.

Enfin, et non les moindres, sinon comme force, au moins comme ambition délirante, les Japonais, qui étonnent le monde par la frénésie de leur impérialisme.

C'est à la male heure que nous eûmes soif du grand fleuve indo-chinois.

Car, si jamais nous avons été, de Cadix à Moscou, de Fleurus aux Pyramides, le lion rugissant cherchant qui il pourra dévorer, ici, en ce monde exotique, nous ne sommes, au vrai du vrai, que l'innocent agneau à la laine frisée : nous voudrions nous désaltérer au courant de l'onde pure, mais, dans la nuit, des yeux brillent; cinq loups ouvrent la gueule toute grande ; trois ont le poil rouge, deux ont le poil jaune.

X

LES TROIS LOUPS ROUGES

Les trois loups rouges sont parents, autant qu'on est parents parmi les loups; ils sortent de la même tanière ; ils ont même genre de vie, mêmes mœurs et coutumes, etc., et à peu près même hurlement.

L'un des trois, l'Anglais, est arrivé par ici bien avant les autres, et aussi avant nous.

Quand, de 1858 à 1862, nous nous attaquâmes à l'Indo-Chine par la Cochinchine, nous n'avions que deux ennemis à regarder en face, et l'un des deux seulement passait pour redoutable : l'Anglais; du Chinois, on ne se souciait que pour en rire à ventre déboutonné : c'était le magot de paravent.

Moins décidée que présentement à faire main basse sur tout peuple qu'on peut habiller de cotonnades, pourvoir d'acier, d'épingles, couteaux et ciseaux, l'Angleterre n'avait, à cette époque, empiété de l'Inde sur l'Indo-Chine que par les provinces extraordinairement riches de l'Iraouaddi inférieur, dans la Birmanie littorale.

Depuis lors elle a razzié le haut de ce même Iraouaddi, mis sous sa loi directe ou indirecte les quatre cents lieues de la presqu'île de Malacca et fait du Siam soi-disant libre un royaume feudataire.

Osant tout pour tout dominer, elle tente même en ce moment de grimper sur le « toit du monde », au Tibet, sur le plateau d'hivernale, harassante et féroce altitude, où serpentent à fleur de rives les fleuves qui s'engouffrent plus bas, sur les chemins de l'Indo-Chine et de la Chine, dans des abîmes de mille à deux mille mètres de profondeur.

Ces fleuves perdus dans des gouffres n'y accueillent point d'affluents de quelque longueur; dans ces entrailles de la terre, les torrents qui leur tombent ne sont qu'un déchirement de cascades.

Faute de vallées latérales, à leur droite et à leur gauche, le long desquelles on descendrait, longuement, mais commodément, dans leur abîme, le Salouen, le Mékong interposent entre l'Iraouaddi supérieur et le cours navigable du Fleuve Bleu deux « hideux » précipices où l'on ne peut violer à la légère le sombre génie du lieu. A la rigueur, un chemin de fer y est possible, à force de livres sterling, mais, suivant le terme anglais, « il ne paierait pas ».

C'est pourquoi les ministres de l'Inde et de la moitié de l'Indo-Chine songent aux routes du plateau morose, affreux, hostile et presque irréconciliable; ils y traceront des routes entre la Birmanie et le Sé-tchouen qui est le plus beau du plus beau du Céleste Empire, le joyau de ce bassin du Yang-tsé-Kiang dont les Anglais s'attribuent d'avance la souveraineté, la suzeraineté, le protectorat, la tutelle; le nom ne leur importe, ils sont de ceux qui ne regardent qu'à la chose.

Or, il se trouve que la France possède la route la plus aisée, la plus courte aussi, entre ce Sé-tchouen et la mer, et que même elle a l'audace d'en vouloir profiter et d'unir la capitale du Tonkin, Hanoï, à la plus merveilleuse province des Jaunes par un ruban d'acier le long du Fleuve Rouge et sur un salubre plateau du midi de la Chine.

Voilà pourquoi les Anglais ne nous souffriront jamais volontiers dans l'Indo-Chine orientale. Ces troqueurs sont surtout des preneurs; quand ils ne peuvent pas prendre, ils attendent, et ils sont hommes à longtemps attendre, jusqu'au jour où ils peuvent saisir. Ce jour venu, rien ne les arrête, ni le respect de la chose jugée, de la foi jurée, ni les droits historiques, ni les alliances cordiales, ni les services rendus, ni la bonne amitié, ni les mamours d'antan. Ce loup rouge a du flair, de l'endurance, de la ruse et, quand il le faut, de la témérité; il a du bon, mais il n'est jamais rassasié.

Il eut toujours très grand appétit, et l'on dirait qu'en prenant de l'âge, il est devenu boulimique.

Le second loup rouge, le Yankee, est un fils du premier : à vrai dire, il a plusieurs pères et plusieurs mères, mais c'est de son père le plus ancien qu'il tient ses principales aptitudes, ses qualités, ses défauts, sa conscience intime, son fond du fond.

Pratique lui aussi, dur et au besoin féroce, à la fois téméraire et réfléchi, mais pratique avant tout, il est comme son père puissamment pratique et définitivement insatiable. En tant que personnage très avisé, s'il s'est installé par un coup de force dans le superbe archipel des Philippines, c'est évidemment pour le « bon motif » ; or, le bon motif, en pays anglo-saxon, c'est la domination n'importe comment manifestée : exploitation à outrance du sol, commerce, industrie, prêts, finances, prédication, Bibles, traités religieux et, s'il est nécessaire, le cuirassé, la torpille, le sous-marin. De préjugés chevaleresques, le deuxième loup rouge en a tout autant que son père, voire, et certainement, un peu moins. Et de lui à l'agneau guetté (du reste, il guette tous les agneaux) il n'y a que 1.250 kilomètres !

Ce n'est pas d'aujourd'hui, ni d'hier que ce dévorant, qu'on appelle familièrement l'Oncle Sam, proclame *urbi et orbi* la fabuleuse étendue de ses ambitions.

Bien avant la guerre de la Sécession, Seward, qui fut plus tard secrétaire d'État sous la présidence de Lincoln, écrivait ce qui suit :

« Nous devons oser notre destinée !

« J'exècre la guerre, et je ne donnerais pas une seule vie d'homme pour ce qui nous reste à annexer sur ce continent (l'Amérique), mais je suis absolument convaincu que la passion du peuple pour les annexions est invincible : prudence, justice, caponnerie peuvent comprimer quelque temps cette passion, mais la compression augmente la force. Notre nation est destinée à rouler ses vagues irrésistibles jusqu'aux barrières glacées du pôle et à rencontrer la civilisation orientale sur les bords du Pacifique...

« Je regarde tout là-bas, dans le Nord-Ouest, et j'y vois le Russe très affairé : il travaille d'arrache-pied à des ports, des villes, des forteresses sur le rivage de son continent ; il en veut faire des avant-postes de Saint-Pétersbourg. Alors, je dis : « Continuez, bâtissez vos avant-postes tout au long de la côte ; ils deviendront les avant-postes de mon pays, les monuments de la civilisation des États-Unis dans le Nord-Ouest ! »

Les hommes qui parlent si délibérément de balayer la Russie de la Sibérie ne l'en balayeront certainement pas ; mais ils hésiteront moins le jour arrivé, s'ils veulent que ce jour arrive, à chasser la France de l'Indo-Chine.

Le troisième et dernier loup de robe rouge, l'Allemand, est le cousin des deux autres ; il vaut mieux qu'eux, quoique son caractère se soit détérioré dans ces derniers temps, avec plus de tendance qu'autrefois à la brutalité pratique ; il a également de très fortes mâchoires, la gueule bien fendue et un appétit formidable qui ne trouve pas à s'apaiser, tous les autres loups, surtout les deux autres rouges, lui enlevant la proie sous le museau.

Par un coup de force antérieur de très peu à la surprise des Philippines, il s'est fort approché de notre Extrême-Orient ; il nous guigne de cinq cents lieues ou tout petit peu plus, de sa presqu'île de Chañ-Toung, bloc de montagnes commandant le lieu probablement le plus fertile de la Terre, l'immense plaine où le Fleuve Jaune se porte, en ses divagations, tantôt vers Pékin, tantôt vers Nankin.

Ce loup, comme on sait, ne nous aime guère ; il a eu de tout temps des difficultés avec l'agneau, en Europe, là où l'agneau est un loup redoutable encore, bien qu'il ait les dents usées.

Cette fauve bête de proie n'a pas beaucoup d'élégance, elle est plutôt lourde, massive ; elle ne saute au cou de sa victime qu'après mûre délibération ; mais dès qu'elle marche sur le sentier de la guerre, elle s'avance à la fois avec hardiesse et prudence ; elle ne laisse rien au hasard.

Elle a fait de sa tanière de Kiao-Tchéou une ville recommandable, et sur rails d'acier elle se fraie une piste vers les cantons de la Terre Jaune, humus si fécond qu'il n'a pas besoin d'engrais, que même il sert de fumier.

XI

LES DEUX LOUPS JAUNES

Des deux loups jaunes, le premier s'agite jusqu'à la névrose ; il est très inquiet, très agressif, même trop pour sa santé : c'est le Japonais ; le second, en réalité le plus redoutable des cinq, avait mérité jusqu'à ce jour le nom de « frère tranquille », mais il appert qu'il ne le mérite plus : lui aussi s'inquiète sourdement ; il fronce les lèvres, il montre ses dents jaunes.

On peut croire que malgré son étourderie proverbiale la France ne se serait pas établie aux bouches du Mékong si elle avait prévu le futur voisinage des Allemands et des Américains; elle ne l'aurait pas fait non plus sans l'incurable faiblesse qu'elle eut de tout temps de se croire aimée pour elle-même. A cette époque, elle croyait très fermement à l' « alliance cordiale », à l'amitié des Anglais, à leur reconnaissance pour l'aide prêtée en Crimée, en Chine; elle avait également toute confiance dans la bonté de l'Allemagne et le désintéressement des États-Unis. Elle ne voulait pas se douter que l'Angleterre la persécuterait — c'est le mot — en Indo-Chine avec une ténacité qui s'est rarement démentie, et l'on peut ajouter sans parti pris, qui ne se démentira jamais.

A bien plus forte raison n'aurait-elle pas mis le pied dans la vipérière indo-chinoise, si elle avait imaginé l'inimaginable, qui pourtant fut le réel : la transfiguration, plus que cela, la transcorporation du Japon, petit pays barbare de rien du tout dont moins de trente ans ont fait une nation très ardente, très entreprenante, suffisamment puissante, capable non certes de vaincre la Russie, mais de l'inquiéter, de la discuter et, finalement, de l'attaquer.

Nul ne proclamera qu'osant courir sus à la Russie, le Japon n'oserait pas tomber sur la France à bras raccourcis. Ses jeunes ambitions ne supportent pas de retard, peut-être parce qu'il commence à comprendre qu'« il est venu trop tard dans un monde trop vieux ».

Mais quand la Russie aura prouvé aux Japonais qu'ils ont trop attendu pour se développer en puissance mondiale, il leur restera le désir, le vouloir et, jusqu'à un certain degré, la possibilité de s'accroître plus petitement, dans leur bout du monde, en Asie Orientale. Or, depuis que sont devenues terre Yankee ces Philippines, sur lesquelles ils comptaient se lancer un jour à l'encontre des Espagnols, il ne leur reste guère que l'Indo-Chine à tenter; et à coup sûr, ils ne se heurteront pas à celle des Anglais, mais bien à la nôtre.

Or, à cette proximité de chez eux à 3.000 kilomètres, ou même à 1.200 seulement de leur île de Formose, ils sont incontestablement plus forts que nous, Européens du bout contraire de l'Europe ; ils sont aussi plus audacieux, de l'espèce des risque-tout. Nous devons les regarder dès aujourd'hui comme des ennemis très dangereux de notre Extrême-Asie.

Plus dangereux encore est le Chinois, jadis frère tranquille, le plus gros de tous ces loups, le plus proche, et, par surcroît, on se propose sérieusement de lui ouvrir les portes de la bergerie. Voici comment :

Malgré ses dix-huit à vingt millions d'hommes, l'Indo-Chine française, capable d'entretenir deux, trois ou quatre fois plus de monde, manque presque partout des bras qu'exige sa mise au point. Certaines de ses campagnes deltaïques sur le Fleuve Rouge des Tonquinois, sur le Mékong des Cochinchinois, regorgent d'habitants et d'habitantes, mais ailleurs, dans le mont, dans la brousse, dans les cagnons, sur les roches, le désert succède au désert, et comment le muer en jardin grâce aux Indo-Chinois des plaines, puisque le soin des rizières retient chez eux presque tous ces Indo-Chinois-là ?

A qui donc s'adresser ? Mais à Jean le Chinois ; on l'a là, sous la main ; il travaille comme pas un ; il n'a point d'exigences extrêmes, il est soumis, déférent ; il pullule ; grâce à ces hommes à tresse, Cholon est le lieu le plus affairé de la Cochinchine. Non loin, chez les Siamois, il est le nerf, la moelle de Bangkok, où vivent plus de 200.000 Célestes ; il est aussi l'élément vivant de la fameuse Singapore, et voici que le Transvaal lui-même l'appelle pour extraire l'or maudit qui vient de tuer deux jeunes et vaillantes républiques.

On va donc s'adresser aux Chinois pour peupler l'Indo-Chine.

Économiquement parlant, c'est parfait, car les Chinois sont faits à ce milieu. Défricheurs, il défricheront ; travailleurs, ils travailleront ; trafiquants, ils trafiqueront ; mais aussi, Chinois, ils chinoiseront.

L'esprit chinois s'ajuste très bien à l'esprit annamite, et l'esprit annamite à l'esprit chinois.

Dans l'intimité profonde de l'être, les Annamites et les Chinois ont même nature, même essence, même conception de l'univers, des choses, des hommes ; leur histoire est plus ou moins la même. Ils se comprennent et s'estiment réciproquement. Ils se sentent Jaunes vis-à-vis des Blancs, tout autant que nous, gens d'Europe, nous nous sentons Blancs vis-à-vis des Jaunes.

Nous ne croyons pas au patriotisme des Orientaux, hommes de peu d'idéal et, semble-t-il, d'un horrible terre-à-terre; or, ce patriotisme éclate chez les Japonais, qu'on croyait n'être que les copistes d'une Europe dont la supériorité les avait éblouis à tout jamais, comme sur un chemin de Damas; et justement ce sont des nationalistes de farouche intransigeance.

Plus d'un des rares Français qui ont parcouru l'Indo-Chine, qui l'ont étudiée, qui l'aiment, qui ont pénétré l'âme annamite, sont revenus en France avec l'impression très nette que Tonkinois, Annamites, Cochinchinois aiment profondément leur Annam, ses mœurs, son passé et qu'ils ont foi dans son avenir. Rester Annamites, les Annamites y comptent bien; mais s'ils doivent se diluer un jour dans une nationalité plus puissante, ce n'est point dans la France qu'ils veulent disparaître, mais dans la Chine, la grande, la magnifique, l'incomparable, la maternelle Chine, dont ils tirèrent jadis toute science, toute philosophie, toute lumière.

Et déjà, depuis quarante ans, plus d'un héros de l'Annam est mort pour l'Annam, silencieusement, comme on meurt là-bas.

Ainsi, nous faisons face à cinq loups, plus capables de s'allier contre nous qu'avec nous, et n'avons d'autre recours que l'Ours. Mais serons-nous toujours avec l'Ours, et l'Ours avec nous ?

A la façon dont va le monde, il est à croire que les amitiés y varieront comme antan, et plus vite qu'antan, car les intérêts s'y entremêleront plus, donc s'y combattront plus qu'autrefois.

Heureusement, nous ne sommes pas les voisins, ce qui veut aussi dire les haïsseurs et les haïs.

Qu'ils le veuillent ou non, le destin les jette sur la plus froide Asie ; ils nous poussent, on peut dire l'épée dans les reins, vers la plus chaude Afrique.

C'est pourquoi nous pourrons rester toujours amis.

XII

QUE FAIRE DE L'INDO-CHINE ?

Si notre malheureux pays gouverné par des innocents (dans le sens que le peuple attache à ce mot : des crétins, des niais) — et parmi ces innocents il y a aussi les sceptiques, les malins, les traîtres, — si la France, à l'instant psychologique, avait été assez fortunée pour avoir à sa tête un homme, ce qu'on appelle un homme, supérieur à l'ami bouc « des plus hauts encornés » et qui « n'y voyait pas plus loin que son nez » ; si cet homme avait pu s'entretenir, d'un versant à l'autre des Vosges — puisque ce n'est plus d'une rive à l'autre du Rhin — avec un homme digne de ce nom qui suppose la réflexion, l'intelligence, l'étude des faits, leur conclusion rationnelle, ces deux chefs des deux grands peuples auraient pu s'entendre.

Par malheur, l'Allemagne et la France sont également veuves d'hommes au regard franc, fier et sondant au plus loin l'horizon comme le regard de l'aigle.

Le parangon du Deutschtum, même de l'Alldeutschtum, autrement dit de « tout ce qui est allemand », a beaucoup plus de témérité que nos régisseurs, mais il n'apparaît pas qu'il soit plus raisonnable : lui aussi n'y voit pas loin ; ou s'il contemple l'avenir, c'est comme dans un mirage où l'oasis du repos, la forêt du rafraîchissement qui vibre à côté d'un lac aux regards éblouis du voyageur, ne sont, dans la réalité des choses, qu'un toujours fuyant mensonge, au milieu de l'isolement, de la sécheresse, parmi les pierres calcinées de la hamada, les dunes ardentes, sous l'air embrasé. Ce n'est pas un voyant, c'est un illuminé.

Il n'a pas compris, ni nous certainement,

ni la Russie non plus, que, naguère, l'heure de la délivrance du monde avait sonné, et que c'était en même temps l'heure de la fraternité entre les grands peuples.

Les victoires des Boers marquaient la fin de l'insolence universelle des Anglais, de l'éternel : « Mon tout ! » lancé d'une voix décidée par le joueur de bouillotte qui n'a rien dans son jeu contre celui qui peut tenir en main le quarante de face ou le brelan carré.

Tout pouvait s'aplanir alors entre l'Allemagne et la France.

Un intelligent, un maître, un mâle, un inspiré, prenant en main la carte du monde, aurait tracé sur cette carte une ligne passant entre la Hollande et la Belgique.

Puis il aurait dit :

« La Belgique est à vous, Français, suivie de son Congo belge, quatre-vingts fois plus grand qu'elle ; à nous la Hollande, avec ses îles sans rivales qui sont les « joyaux de la mer ». Que tout le monde sache que nous sommes les héritiers de ces deux honorables nations : non dès aujourd'hui, par assassinat, mais à jour indéterminé, quand la force des affections, des intérêts entremêlés décidera la Hollande à entrer de son plein gré dans l'orbite du soleil allemand et la Belgique dans l'orbite du soleil français.

« Pour que les « joyaux de la mer » à nous apportés en dot par la Néerlande aient l'abri d'un grand rivage continental, cédez-nous votre Indo-Chine ; et pour que votre Afrique prenne décidément l'ascendant sur l'Afrique des « Insatiables », acceptez, soit notre Caméroun avec notre Togo, soit notre Afrique Orientale qui vous conduira vis-à-vis de Madagascar et flanquera sur sa droite le Congo devenu, de belge, français.

« Après quoi, pour en finir à tout jamais, nous traiterons amicalement de l'Alsace-Lorraine. »

Mais, il ne suffit pas, pour être intelligent, dans le sens supérieur du mot, de descendre de Frédéric, qui fut un grand aventurier et un routier quelque peu malandrin, mais aussi un génie et, quant à la langue écrite et parlée de préférence, un très excellent et spirituel français.

De même que tant d'entre nous ne peuvent

s'affranchir de 1789, des discours emphatiques, des stériles conquêtes, d'Austerlitz, d'Iéna, de Friedland et de Wagram, de même nombre d'Allemands ne sauraient se libérer de 1870, des mouvements tournants finissant en traquenard, de l'immortel silencieux de Moltke, de Bismark, l' « Hercule intellectuel du dix-neuvième siècle » et de l' « inoubliable empereur ».

Pourtant, que valent donc les gloires dont nous sommes, eux et nous, si fiers ? Nous, Français, avons-nous vraiment apporté dans le monde un nouvel évangile en 1789 ? Ne semâmes-nous pas alors autant ou plus d'ivraie que de bon grain ? La Révolution, souillée de tant de crimes, ne contraria-t-elle pas l'Evolution ?

Que valent aussi les deux gloires de l'Allemagne? La fameuse invasion des Barbares (qui, d'ailleurs, ne furent pas tous, il s'en fallut, des Germains) pourrait bien n'avoir été qu'un exécrable malheur : elle mit la sauvagerie là où il y avait des mœurs policées, le chaos là où il y avait de l'ordre, des idiomes sans lettres à la place d'une merveilleuse langue littéraire; des principats et principiculats sanglants succédèrent à la cité ; ce fut la lutte de tous contre tous et des brutalités sans nom dans l'empire mondial, désormais disloqué, qu'avait gouverné Marc-Aurèle, et dont on espérait qu'il ferait de tous les hommes une seule et même nation.

Et la Réforme, qu'apporta-t-elle à l'Europe, et par l'Europe au monde ? Des haines, des guerres, un nouveau déchirement de l'humanité pour une religion tout aussi discutable que les autres, et qui même n'est pas une religion, mais une discussion de textes prétendus révélés, ayant comme terme extrême l'entière et irrévocable destruction du dogme. Or, la raison n'avait aucun besoin de Luther, Mélanchton, Pomeranus et Cruciger traduisant la Bible ; elle serait bien arrivée au but toute seule : Montaigne et Rabelais avaient l'esprit autrement libre que les fanatiques retournés qu'on a faussement honorés du grand nom de réformateurs.

Cela dit, et « nos gloires » rabaissées à ce qu'elles valent, les Allemands, pour en revenir à eux, ne savent où donner de la tête.

Deux voix puissantes les poussent sur deux routes contraires, l'une à Hue ! l'autre à Dia !

La voix qui crie : Hue ! les entraîne vers l'anglo-saxonisme, vers la glorification, béatification, divinisation de tout ce qui est « anglo-saxon » ; elle leur fait souhaiter passionnément le triomphe des hommes choisis par Dieu même ou par le Grand-Tout ou par l'antique génie de la Sélection : les « Saxons », grands de corps, blonds de cheveux, de barbe (et rouges au besoin), bleus de regard, athlétiques, chastes, vertueux, fidèles, et toutes les autres qualités sans qu'il en manque une. Tellement supérieurs à nous, ils ne peuvent pas ne pas l'emporter sur le reste de la race humaine, sur les Slaves, Celtes, Latins et autres méprisables et misérables corvéables.

Or, les Allemands se croient fermement les pères des Anglais, ou, quand ils se rappellent à quel extraordinaire degré sont métissés les « Bretons », ils admettent que seule la sève germaine des Angles, des Saxons, des Danois, des Norvégiens, des Frisons, etc., tous gens de Teutonie, a fait germer en grandeur joyeuse, en noblesse, en puissance, en royauté la mélancolique médiocrité des Celtes.

Donc les triomphes des Anglo-Saxons sont des triomphes du Deutschtum, c'est-à-dire de la « Teutonnerie », et si les hommes partis d'Albion gouvernent un jour la terre, c'est alors l'Allemagne qui régnera.

Et là-dessus, on fête ensemble, bras dessus, bras dessous, la bataille de Waterloo, « l'une des sept rencontres où les Germains ont sauvé la civilisation ».

Alors s'élève la voix qui crie : Dia !

« Comment ? Les victoires des Anglais sont les nôtres ? — Allons donc : ce sont nos plus dures défaites ! John Bull, l'Oncle Sam, tout Anglo-Saxon bien né considère les lieux quelconques où l'on ne parle pas la langue de *yes* comme une Angleterre, une Amérique, une Australie irrédimée : qu'ils soient, ces lieux quelconques, hauts-allemands, bas-allemands, scandinaves, hollandais, flamands, et non pas latins, slaves ou autre chose encore, il ne leur importe, et pour eux il n'y a de Saxons, c'est-à-dire d'hommes, que les Anglais ! Tout ce qu'ils prennent est perdu pour les Allemands, et quand ils régenteront l'univers, ils oublieront notre parenté, notre alliance, notre amour, et jusqu'à notre nom. »

Ces deux voix, impérieuses toutes deux, troublent les bons Teutons, et ils ne savent à qui entendre.

La guerre du Transvaal les a soumis à une très rude épreuve : elle a opposé l'impérialisme anglais dans ce qu'il y a de plus inexorable, à l'impérialisme germain, qui comptait avec raison sur les Boers, race germaine, pour allemaniser le grand triangle méridional de l'Afrique.

Choc décisif, il n'y avait pas à s'y tromper, et la nécessité s'y montrait plus claire que le véridique soleil.

Les Allemands ne s'y trompèrent point : la voix de Hue ! se tut, et la voix de Dia ! résonna dans le silence.

Mais l'empereur ne comprit pas, et cet ange Saint-Georges de l'Alldeutschtum ne consentit même pas à recevoir le vieux Paul Krüger.

4.

Une occasion perdue se retrouve quelquefois : ce que des abusés un tantinet aveugles n'ont pas fait, des désabusés voyant clair devant eux pourront le faire.

L'Indo-Chine reste un grand danger puisqu'elle nous expose à transporter bien trop au loin la moitié de nos forces, là même où elles sont le plus exposées à se déployer en vain. Mais elle demeure notre grande réserve au milieu des ambitions mondiales.

Tel peuple nous dira peut-être : « Je suis surtout Asiatique, je veux l'être ; vous, vous êtes Africains par destination, et je le suis beaucoup moins que vous : échangeons en toute loyauté ! »

Alors il sera bon de troquer, quelque regret qu'on ait de l'abandon d'une splendide contrée passionnément aimée de tous ceux qui l'ont seulement entrevue comme de ceux qui y ont passé des années dans le ravissement de sa beauté.

En attendant le troqueur, abstenons-nous de préférer ce qu'on peut échanger, l'Asie, à ce qu'il faut garder à tout prix, l'Afrique.

XIII

1750-1904.

Remontons à l'an 1750 : nous passions alors pour de très grands colonisateurs.

Et de fait, nous avions notre large part du monde. L'Amérique du Nord était à nous, sauf une étroite lisière au bord de la mer Atlantique, à l'orient des chaînons parallèles des Alleghanys ; l'Inde nous semblait dévolue, et nos Antilles étaient en pleine fleur.

Nous ne primions point l'Espagne, alors dans toute la gloire de ses mines d'or et d'argent, de son Mexique, de son Potosi, de ses galions, de cette immense Amérique équatoriale et tropicale, qui avait tout entière le renom d'un fabuleux Eldorado ; mais nous primions certainement l'Angleterre, qui ne possédait en ce temps ni le Mississipi, ni le Saint-Laurent, ni le cap de Bonne-Espérance, ni l'Inde, ni l'Australie.

Du domaine dont nous étions alors les maîtres, ce que nous aurions dû regarder comme le plus infiniment précieux c'était le Canada, et Vauban avait été de cet avis; mais celui dont on a prétendu qu'il a plus d'esprit que Voltaire — or, il en manque absolument, ainsi que de sens, bon sens et divination — Monsieur Tout-le-Monde professait une opinion contraire.

Voltaire, qui, précisément, ne fit pas preuve, en ces temps-là, de beaucoup d'esprit ou, si l'on veut, de beaucoup de raison, supplia, peu d'années après 1750, Son Excellence le garde des Sceaux de nous débarrasser du Canada, mais il ne la pria point de nous alléger de l'Inde ou des Antilles.

Les « intellectuels » de l'époque ne comprenaient pas assez l'immortelle vérité du proverbe : « Tout ce qui brille n'est pas or ! » Ils croyaient aux trésors de Golconde, aux diamants de l'empereur et des maharajas, aux fortunes fastueuses gagnées par les planteurs des « îles » à force de coups de fouets sur l'échine des Nègres, mais ils ne se souciaient guère des champs peu à peu conquis sur la grandissime forêt par les pauvres paysans du Canada.

On n'aurait pas trouvé dans la France dix hommes qui n'eussent troqué, le cas échéant, Québec et l'immense avenir contre la moindre des Antilles ou même des Antillettes.

Et les étrangers n'étaient pas beaucoup plus « malins » que nous; la masse des Anglais croyait certainement plus à la Jamaïque, à la Barbade, à Sainte-Lucie, à Saint-Vincent qu'aux établissements qui devinrent les États-Unis.

Dans un livre publié au milieu du dix-septième siècle par un Anglais, l'auteur oppose la colonisation française à l'anglaise; il dénigre, plus exactement il rabaisse celle-ci en comparaison de celle-là, et il ne tarit pas d'éloges sur les merveilles de nos Antilles.

Nous en sommes un peu là en 1904.

Au seul pays qui puisse remplacer pour nous l'Amérique du Nord, à l'Afrique septentrionale, d'aucuns, beaucoup, infiniment trop préfèrent l'Asie Orientale, et quoi qu'ils pensent, qu'ils disent, l'ombre à la proie.

Ils imitent nos arrière-grands-pères : ils mettent l'Inde éblouissante et trompeuse ou la somptueuse Saint-Domingue au-dessus de la « Nouvelle-France », qui pouvait être en effet la France et plus que la France.

Ayant le choix, leurs affections vont à la colonie de plantation, à la colonie de commerce ; ils détournent leurs regards de la colonie de peuplement.

Et surtout, ils comptent étourdiment sur la terre lointaine que trop d'ennemis peuvent nous ravir, tandis que nous avons près de nous un espace indéfiniment extensible que probablement nul ne nous extorquera.

En 1750, qui donc avait raison : les flatteurs des colonies riches ou les partisans de la colonie pauvre ?

En 1904, qui a raison des « Africains » ou des « Asiatiques » ? Ceux qui cherchent l'avenir au bord de nos mers à nous, la Méditerranée et l'Atlantique, ou ceux qui rêvent de la mer des autres, du Pacifique, en terre absolument exotique, et loin de tout secours en cas de malheur.

Il ne faudrait pourtant pas oublier comment nous avons perdu l'Amérique : le chevalier de Lévis avait repris l'offensive et battu les Anglais à plate couture, aux champs de Sainte-Foy, près Québec ; mais l'Océan ne nous appartenait pas, l'Angleterre en avait fermé tous les chemins à la France ; aucune flotte française ne vint apporter de secours au chevalier, une grande escadre anglaise débarqua sous Québec une nouvelle armée; il fallut se rendre et perdre la suzeraineté mondiale, possible alors, impossible aujourd'hui.

L'Indo-Chine est bien plus loin de nous que le golfe Saint-Laurent, nous sommes moins qu'il y a cent cinquante ans les maîtres de la mer ; moins encore les maîtres de la terre, et nous ne pouvons nous défendre envers et contre tous que dans le petit bout de l'univers où le sort nous a fait naître.

XIV

LA FRANCE AFRICAINE

Il y a donc, de par le vaste monde, une région tellement grande et si prometteuse d'avenir que pour elle nous aurions raison d'abandonner l'Indo-Chine elle-même; un pays si admirablement adapté à nous, du fait de son voisinage, et plus encore en sa qualité de jeune patrie d'un peuple néo-français, que nous ne pourrions le perdre sans périr, tout au moins sans dépérir.

Il peut nous consoler du passé, nous dédommager du présent.

C'est la Berbérie, disons : la Barbarie, puisque la Terre Barbaresque est encore à demi-barbare en Algérie, en Tunisie, et barbare entièrement dans ce Maroc qui devient l'heureux complément de notre bienheureuse Atlantide.

Cette Barbarie est le lieu de première conquête, de première colonisation, de création de la race néo-française d'Afrique. Ce sera le lieu d'essaimage des Français, des Francisés, des Berbères, des Arabes vers le reste du continent ; et ce continent lui-même, en son nord-ouest, en son occident, en son milieu, cette Afrique est l' « Empire », au midi des Steppes, puis du Sahara,

Par de là les sommets poudrés de sable d'or
Où nos ardents djouabs (1) lancent le thir-el-hor (2) (3).

Là est l'espace où le temps bâtit, la longue et large continuité, au midi de l'étroite lisière des terres méditerranéennes.

Madagascar non comprise, qui est la Madame Gaspard ou la Madame Lascar des Turcos, notre Afrique se compose de pays dispersés le long du rivage de l'Atlantique, mais réu-

(1) Les nobles.
(2) Le faucon.
(3) Colonel Trumelet.

nis dans l'intérieur du continent autour du Tchad, lac tropical de 250 kilomètres de long sur presque autant de large, à 244 mètres au-dessus du niveau des Océans.

De ce « bloc », nous espérons d'abord qu'il est intangible, ensuite qu'il s'arrondira, qu'il s'agrandira, qu'il remplira ses lacunes.

Il a pour centre, non pas un pôle d'attraction, mais un pôle de répulsion presque aussi farouche que la glace éternelle, là où il est sans arbres, sans arbustes, sans herbes, sans mousses, rien que roc, sables, soleil, épouvante et nudité.

Il oscille autour du Sahara, et ses chemins se croisent dans le Grand-Désert, dans la région presque partout digne des surnoms de pays de la Peur et de pays de la Soif. Et le pays de la Soif est le pays de la Mort, quand la soif a trop duré.

Ses chemins, quelle dérision ! Ses sentiers, c'est encore trop dire : ce sont tout au plus des « directions » reconnues à quelque pic lointain, à quelque dune, à trois ou quatre dattiers près d'un puits, à un fond de torrent sans eau courante, avec onde invisible qu'on atteint en creusant un trou ; encore ne l'atteint-on pas toujours.

De Bizerte à Saint-Louis du Sénégal, distance de Paris aux Monts Ourals, la ligne de plus courte marche passe par les oasis du Touat, par des hamadas, plateaux pierreux de sinistre aridité, et par les sables sans fin déroulés, qu'on nomme les *Aregs* ou les *Ergs*.

D'Oran au lac Tchad, distance de Paris à Sébastopol, le vol de l'oiseau fendant droit devant lui rencontre les monts chauves, les horribles et terribles parois, les ravins ardents, mais aussi les fonts et les ruisseaux temporaires de l'Ahaggar, haut bastion du Sahara central, et les vallées habitables des montagnes de l'Aïr.

Plus on s'éloigne, en tirant sur le midi, du milieu de ce Désert par excellence, plus la nature devient humaine, par cercles concentriques : de l'ardeur on arrive à la chaleur; de la roche allumée de soleil à l'eau pénétrée de rayons dans la clairière, pénétrée d'ombre dans la forêt. Cette sylve, d'abord très clairsemée dans le Steppe, se fait à la longue forêt vierge, inextricable, épouvantable, étouffante, écrasante comme une chape de plomb, à mesure que de la zone des pluies rares on arrive au pays des pluies tropicales, averses d'une seule saison ou de deux saisons par année.

L'opposition est nette entre la contrée sombre et la contrée claire : du bois obscur et comme funèbre (quoiqu'il grouille de sève, de vie, de bruits sourds, de bêtes, de reptiles, et que les senteurs germinales s'y mêlent aux odeurs de la pourriture), de la sylve implacable on passe à la brousse comme de l'esclavage à la délivrance : ainsi disent les Christophes Colombs et les conquistadors de l'Afrique. Dans l'Afrique française le découvreur et le conquérant, c'est souvent le même héros, qu'il ait acquis par la guerre comme Archinard, Galliéni, Gentil ; ou par la paix comme Brazza, Binger, Ballay ; ou par la paix et la guerre comme Foureau et Lamy.

Les hommes aussi diffèrent singulièrement d'une de ces natures de pays à l'autre : sournois, traîtres, brutes le long des fleuves, des rivières et des marigots du bois sans lumière; plus hauts, plus forts et plus fiers, plus intelligents, plus ouverts dans la contrée que le grand soleil honore. A celle-ci les gaillards athlétiques, les dompteurs du cheval, les maîtres de la lance, les fondateurs ou destructeurs d'empire (parfois l'un et l'autre), et tous ceux qu'après des exploits sans nombre au service de nos droits ou de nos ambitions on a pris coutume de nommer les Sénégalais ; à celle-là le Nègre cauteleux : dans le mystère d'entre les arbres et les lianes de la rive, la flèche empoisonnée à la corde de l'arc, il guette le Blanc dont la barque s'est aventurée sur les eaux vaseuses du marigot.

On l'admet chez nous, et ailleurs que chez nous, nulle nation ne possède un matériel d'énergie égal à la vie, à la force, au dévouement que nous prêtent sans compter nos peuples à demi-sahariens.

Et quelle autre puissance d'attaque, de fuites suivies de retours, de longue patience, de vendetta dans les Berbères de la montagne, les Arabes de la plaine, du plateau, du Sahara ! Braknas ou Trarzas, Chambaas ou Touaregs, Turcos ou Méhariens juchés sur les plus rapides chameaux, travailleront un jour plus obstinément que la France elle-même au maintien de « la plus grande France ».

Ils ne la défendront pas en Afrique seulement, mais en Europe aussi : les Turcos de Wissembourg étaient des précurseurs.

Cette force qui combat pour nous avec un aveugle dévouement, se tournerait un jour contre nous si nos injustices exaspéraient ces hommes à poigne.

Carthage a failli périr du fait de ses mercenaires, et ni les prétoriens n'ont sauvé l'empereur de Rome, ni les stipendiés l'empire romain.

Ne nous exposons pas à pareils destins ; et puisqu'on ne s'appuie que sur ce qui résiste, ne détruisons pas nous-mêmes, par folie d'orgueil ou stupidité d'ingratitude, les plus fermes piliers de notre jeune puissance mondiale.

XV

LES DEUX PÔLES DE NOTRE AFRIQUE

En réalité, l'Empire s'équilibre autour du Sahara, puisque le lac Tchad, où le Congo s'unit au Soudan, se heurte en son monde à des rives à demi-sahariennes.

Mais, en vérité complète, notre Afrique tend vers deux pôles, au grand coude de deux grands fleuves.

Vers les lieux où le Niger se tord du nord-est à l'est, puis au sud-est, au pays de Tombouctou tendent la Tunisie, l'Algérie, le Maroc, le Sénégal et la Cazamance, la Guinée française, la Côte de l'Ivoire et le Dahomey ; malgré le Sahara, plus fort que la mer et presque aussi puissant que la mort, c'est à Tombouctou qu'arrivèrent les Marocains au temps d'Henri IV pour s'emparer du Soudan. Venus les jours du partage définitif, que ne conquerra pas la France, au bout du chemin de fer « nigérien », qui va déjà de la Méditerranée à l'oasis de Figuig et qui bientôt atteindra le Touat, presqu'à mi-chemin de la mer au fleuve : mais il y a plus du désert du Touat au Niger que du Touat à la Méditerranée.

La torsion de l'Oubangui, magnifique affluent droit du Congo, se dessine à peu près à distance égale de Gibraltar au cap de Bonne-Espérance, comme de la mer des Indes au cap des Palmes, promontoire de l'Atlantique. On peut la regarder comme le centre de l'Afrique, au plus près de la rencontre des bassins du Congo, du Nil, du Tchad et du Niger ; pour nous, c'est certainement le nœud du Congo, du Chari, du Tchad, comme le coude du Niger est le nœud du Soudan et du Sahara.

Le Congo diffère essentiellement du Soudan nigérien. C'est évidemment un autre monde, en même temps que le lieu d'une autre humanité, d'une autre philosophie.

Un autre monde, en ce que l'influence du Sahara ne s'y fait bien sentir qu'aux approches du Tchad ; qu'il appartient beaucoup moins à la brousse et beaucoup plus au bois vierge ; qu'il relève presque partout de la zone des pluies ou drues, ou très drues avec deux saisons d'humidité par an contre deux de sécheresse.

Une autre humanité, en ce que l'élément arabo-berbère ne s'y est encore que très peu mêlé à l'élément noir, qui est surtout ici l'élément bantou ; il n'y a pas donné l'être à des races aussi solidement charpentées, aussi sauvagement énergiques, aussi longuement durables que nos Sénégalais et autres Soudaniens de haute taille, de fibre sèche et de peau cuite.

Une autre philosophie en ce que, non touchés encore par la doctrine de l'Islam, ils sont demeurés fétichistes, soumis à des prêtres qui ne sont que des sorciers, des charlatans sans aucune conception d'Église et d'État.

Comme hommes, le Congo vaut donc à cette heure moins que le Soudan, tandis que comme sol il vaut plus, avec beaucoup moins de steppes et très peu de demi-Sahara; point de terres parcheminées au soleil et beaucoup plus d'humidité tiède pour l'effervescence des plantes. Toutefois, les crues du Chari, d'ailleurs très puissantes, ne s'épanchent pas en espace autant que celles du Niger, et surtout elles ne sont pas réservées par des lacs, puis prolongées dans le temps par des rivières à double pente pareilles à celles qui refluent des lacs au Niger après avoir « flué » du Niger aux lémans de la brousse.

Un fameux voyageur allemand, Barth, avait visité Tombouctou ; un voyageur autrichien, Lenz, y avait passé ; ils s'étaient diligemment enquis du grand fleuve des Noirs, mais on ne leur en avait pas conté les plus rares merveilles.

Telle est la défiance des Vrais Croyants : ils craignent à bon droit l'invasion des Roumis dans les terres de l'Islam ; peu à peu toutes leur échappent.

XVI

LE NIGER VAUT LE NIL

On ignore trop en France que le Nil inférieur ne peut répandre dans son val autant de bienfaits que le Niger dans sa plaine.

Le val du Nil se heurte, de près ou de très près, à droite, aux rochers des monts Arabiques, à gauche, aux parois des plateaux qu'assiège à l'occident le sable immense de la Lybie; tandis que la plaine du Niger s'étend au delà de la vue et qu'au levant elle se confond avec celle du Bani, rivière presque égale au fleuve lui-même — aussi nomme-t-on parfois ce courant : Niger Oriental. — Bref, nous avons en Soudanie, à la bordure des arènes sahariennes, une Égypte plus longue et tantôt deux fois, tantôt quatre, cinq, huit, même dix fois plus large que la vallée des Pharaons.

Né d'un pays tropical où la saison des pluies est très longue, si même on ne peut pas dire qu'elle y dure presque tout l'an (et les pluies y sont comme des cataractes du ciel), ce fleuve de 1.000 lieues, dont 750 sont à nous, roule 1.500 mètres cubes d'eau par seconde en juillet et 7.500, souvent plus encore, en septembre, quand il arrive à la plaine immensément étalée qu'il a mission de féconder.

Plaine de très peu, de presque pas de pente, où il a loisir de déposer ses limons; il s'y divise, s'y subdivise, s'y sous-subdivise en un lacis de rivières.

L'espace qu'il couvre, en grande crue, de sa bienheureuse inondation a 100, 120, 150, et jusqu'à 175 ou 180 kilomètres de largeur, comme si la Seine s'épanouissait tellement qu'elle eût sa rive gauche à Chartres, sa rive droite à Soissons ! Quand la crue s'est retirée, le « fleuve des Noirs » n'a plus que 600,

1.000, 2.000, 3.000 mètres de large, c'est selon, avec courant torpide et profondeur suffisante pour les chalands.

Tout cela est bien merveilleux ; ce qui l'est bien plus encore, c'est la prudence, le soin et, pour ainsi dire, l'habileté technique déployée par le génie du lieu pour économiser au profit de la saison sans averses les 12.000 à 15.000 mètres cubes entraînés à chaque seconde, et pendant des mois, par le Niger agrandi du Bani.

Tout d'abord, un grand lac accueille le grand fleuve, le lac Débo, qui se gonfle, s'étend, et ravive les trois bras entre lesquels se scinde le Niger en aval de ce bassin de retenue.

De ces trois bras, des sous-bras se détachent ; ils amènent l'eau du Nil des Soudanais dans des lacs situés au-dessous de son niveau dès qu'il est en crue, au-dessus dès qu'il est en décrue.

Il y a douze de ces bassins à distances variables de la rive gauche du bras occidental, dont un, le Faguibine, capable de réserver des milliards de mètres cubes, de par ses

110 kilomètres de long sur 20 de large avec 30 mètres de creux. Et l'on en connaît déjà plus de vingt en communication avec la rive droite du bras oriental.

Ainsi le Niger s'extravase et s'aplatit sur une Limagne dont il renouvelle la virginité; tous les ans, surtout aux ans de crue majeure, il ramène à son niveau trente à quarante réservoirs, ensemble de « lacs Mœris » qui ne doit rien à l'art, en contradiction au Mœris des anciens Égyptiens. Après quoi l'« eau de Tombouctou », qui ne passe pas à Tombouctou, mais seulement au voisinage de la « Reine du Désert », récupère les flots que ces Mœris ont reçus de lui; et, grâce à leur « affluence », il reste assez puissant pour franchir sans s'effacer du sol les deux cents lieues au moins de Sahara qui le ramènent dans le « pot au noir », sous la voûte des nuages tropicaux : comme par sa crue, il ressemble au « Père de l'Égypte » par son long passage entre des sables désertiques.

Les Anglais se montrent très fiers de leur barrage d'Assouan, digue, en effet, cyclopéenne qui barre le Nil, non sans noyer les sereines splendeurs de l'île de Philæ ; ils ont élevé ce barrage pour régulariser le volume du fleuve, ménager un peu de son exondance annuelle en irrigation de l'Egypte, surtout de ses champs de coton.

Nous dresserons, nous aussi, quelque jour, un mur ou des murs titaniques, également pour cause d'arrosage ; blé, lougans ou jardins, cotonniers du Soudan n'auront jamais trop d'eau. Mais ce sera moins pour réserver directement la crue que pour l'aménager indirectement : nous élèverons le niveau du fleuve pour parer au déficit de certaines années, quand le flot d'inondation, ne montant point assez haut, ne remplit pas assez les nombreux lacs qu'il a mission d'agrandir, les innombrables mares qu'il avive ou ressuscite à chaque avalaison.

Par un véritable miracle de va-et-vient, par des prodiges d'anastomoses, bifurcations, trifurcations de rivières, et vu la très avantageuse absence de pente qui met ces mares, ces lémans au niveau du fleuve, toute crue annuelle verse donc le « Père du Soudan » dans des réserves, dont plus d'une est immense ; puis, à la décrue, leurs eaux réintègrent le glorieux Niger. Selon vraisemblance, la France aura par ici l'un des plus merveilleux édens du Tropique.

Il a fallu des prodiges d'ignorance, de légèreté, de mauvaise foi, pour que les anticoloniaux, voire beaucoup de coloniaux, principalement des amants fervents de l'Indo-Chine, aient mis tant d'acrimonie à décrier notre pauvre Soudan : il est vrai qu'on injuria plus encore la si longtemps dolente Algérie.

Certes, si le Sénégal, les fleuves côtiers, le Niger n'étaient, comme on nous disait, que la tombe des Européens ou, vu les brûlures du soleil, leur four crématoire ; si la terre y était dure comme le fer, stérile comme la pierre, et l'homme abject, à peine au-dessus du singe, sinon même au-dessous, l'on eût pu, l'on eût dû faire de l'Afrique Occidentale ce que Voltaire conseillait instamment de faire du Canada : l'abandonner à son malheureux sort. Nous nous serions ainsi dégagés de ce Soudan dont tant de voyageurs, de commerçants, d'industriels, d'économistes, et des agriculteurs aussi, ne cessent maintenant de nous vanter la beauté, la fécondité, la richesse latente, la prospérité future.

D'aucuns se libéreraient également du Congo; beaucoup se sont indignés de nos efforts pour arriver au Tchad. Et voici que le Chari, les affluents du Chari, le Tchad lui-même, nous apparaissent comme d'autres Nils bienfaisants : ces rivières inondent au loin la plaine de leurs deux rives, le Tchad se distend considérablement, puis le flot se retire : il laisse derrière lui de vastes terres fraîches, ameublées, fécondées par le limon ; et ces terres ne sont pas des plus petites, elles vont à de nombreuses centaines de milliers d'hectares.

Il appert donc aujourd'hui que, comme les « quelques arpents de neige » du Canada étaient l'avenir de la France en terre froide, les arpents de forêt, marais, sol inondable, maquis, brousse et clairière, sont notre avenir en terre chaude, sur un autre continent qui nous pose un problème autre, disons mieux : beaucoup d'autres et très difficiles problèmes.

XVII

LES PROBLÈMES AFRICAINS

Il ne s'agit pas ici, comme en Amérique, au dix-septième siècle, d'une œuvre en somme très facile : peupler un demi-continent presque vide sous un climat très favorable aux gens de l'Europe tempérée; les tribus dispersées des Indiens, minimes nations ennemies les unes des autres, ne pouvaient s'opposer longtemps à la poussée des « Visages Pâles ».

L'énorme triomphe des Yankee ne leur a demandé que des efforts de mécanique, d'industrie et d'argent; ils ont tracé des routes, lancé des ponts, endigué des fleuves, abattu des forêts, creusé des sillons; encore pas à eux seuls, mais aidés de toute la race « aryenne », aussi de la race noire, et quelque peu de la jaune.

De même que deux milliers de familles françaises avaient bâti de forte pierre, d'excellent ciment, ce qui dure encore, et pour longtemps sans doute, sous le nom de Canada français, il a suffi de quelques dizaines de milliers de familles d'Anglais, d'Écossais, d'Irlandais, de Hollandais, d'Allemands, pour fonder la puissance extraordinaire des Américains.

En Afrique, au vingtième siècle, c'est une bien plus dure entreprise; la France n'y consacrera jamais trop d'attention, trop d'ingéniosité; il y faudra des efforts incalculables.

Là-bas, c'était tout de parcourir le désert de la savane, de monter ou descendre les rivières, d'aller de sapinière en érablière et en bouleaunière, d'élever une cabute en troncs d'arbre, en planches, d'instituer une scierie, de commencer un village, un hameau, en laissant au temps le soin de faire de la maison, du village, une ville qui deviendrait Montréal, New-York, Chicago.

Ici, au Soudan, au Congo, la tâche est d'abord de ne pas détruire ; elle est, tout au contraire, de conserver à travers les âges, d'améliorer de jour en jour, d'année en année, enfin d'assimiler les races qu'on ne veut pas anéantir, parce qu'on ne pourrait les remplacer qu'à force de siècles entassés les uns sur les autres.

Il tombe sous le sens qu'une longue sélection dégagée d'une infinité de cadavres, serait seule capable d'installer ici la paysannerie française : précisément parce que le Nègre jaillit spontanément du sol, qui sans doute l'a créé, le Blanc, né d'une autre patrie, n'en pourrait jaillir, lui aussi, comme une source qui s'épanche, qu'après avoir passé par une longue accoutumance.

Tandis qu'il s'accoutumerait, les « fils du pays », pullulant toujours, et les « fils d'ailleurs » luttant péniblement contre la destruction, nous, Européens, nous resterions une minorité toujours moindre, une sorte de Soudanais et Congolais pour ainsi dire, contre nature, au milieu d'une majorité qu'on pourrait traiter d'universelle.

Cependant, la race européenne finira par s'implanter avec le temps parce qu'elle ne se recrutera pas exclusivement en France : il n'y a aucun mérite à le prévoir. Notre Afrique noire recevra beaucoup moins de Français des quatre-vingt-sept départements que de Français de l'Atlantide, d'Espagnols, d'Italiens, de Maltais, attirés de proche en proche, du Tell dans le Steppe, du Steppe dans le Sahara, du Sahara dans le Soudan « clair », enfin du Soudan « clair » dans le Soudan « sombre », enténébré d'une telle forêt que la sylve des Kroumirs, — *Quales umbriferos ubi pandit Thabraca saltus*, — le plus beau des bois de notre Atlantide, s'y perdrait mille fois.

Par ces Néo-Français d'outre-Méditerranée et par ces Latins méditerranéens, la France aura donc prise à la longue, à la très longue, sur les terres, présentement hostiles, de l'Afrique tropicale-équatoriale. Mais, jusqu'au jour où la science, sinon la bonne chance des chimistes fureteurs de microbes, comme aussi la sévère autant que bienfaisante hygiène, auront adapté la fibre européenne au climat tellurique et céleste du Niger, du Chari, du Congo, ce ne sera pas sur le bataillon dolent des Blancs bilieux, fiévreux, soucieux, atteints de « soudanite », qu'il conviendra de compter pour dompter le Tropique ; on s'appuiera sur l'armée des Noirs athlétiques, dispos, gais, bons enfants, bons vivants, naturellement faits pour bien vivre chez eux.

Les économistes font à notre Afrique occidentale le grand reproche de manquer de bras.

De fait, des plaines immenses et des vallées, presque des royaumes y sont presque vides.

Les vastes destructeurs, tels Ahmadou, Samory, Rabah, ont en effet consommé des villages sans nombre, des tribus, des peuplades ; où ils passaient c'était le charnier ; où ils ont passé c'est le désert.

Mais il suffira de quelques années de paix, mettons de quelques décades, pour que l'humanité grouille au pays des Noirs.

XVIII

IMITONS ROME

Rome n'a pas réellement colonisé l'occident, Gaule Cisalpine, Gaule Transalpine, Ibérie, Grande Grèce (qui justement n'est plus le moins du monde Grèce, mais Italie), Corse, Sardaigne, Sicile, Dacie ; et, en Afrique, la Zeugitane, la Byzacène, la Numidie, la Mauritanie (qui n'ont plus de romain que ce qu'elles ont de français).

Elle n'a pas agi par transfusion de sang — ou très peu. — Ce qu'elle implanta de vétérans dans le monde conquis par elle, ce qu'elle essaima de politiciens, fermiers généraux, usuriers, commerçants, retraités, latifondiaires, etc., ce ne fut que la goutte arrivant au ruisseau ou le fleuve englouti par la mer.

Elle triompha des peuples en subtilisant leur âme, et ils ne s'en aperçurent point. Elle n'injuria pas leurs dieux, elle ne méprisa point leurs fétiches, elle n'entreprit rien sur leur conscience, elle empiéta peu sur leurs terres.

Ayant le sentiment de sa durée, elle ne pensa jamais à leur crier : « La latinité ou la mort ! »

Mais elle apporta : la paix romaine ; le droit romain, sinon meilleur, au moins mieux déduit, plus strict ; la langue romaine, plus fière que les leurs et déjà fermement monumentée, vis-à-vis de la tourbe des idiomes sans écriture ; la richesse romaine avec toutes ses puissances d'achat, comme de corruption, les cirques, les théâtres, les bains ; la politique romaine, droite et fixe en face des nations, des confédérations, des tribus vacillantes, une, en face des peuples désunis ; la poursuite d'un avenir romain parmi des inconscients au jour le jour; la cimentation romaine au milieu d'une poussière d'hommes. Et avec cela douze siècles d'*ab urbe conditâ* jusqu'à la fin de l'Empire.

Or, en Afrique, nous sommes Rome par la paix française; par la langue française; par la richesse française; par l'unité d'efforts contre la confusion des élans sans but; bref, par une supériorité prodigieuse, bien plus haute que la suréminence des Romains d'antan sur le reste des Méditerranéens : cela en vertu du pouvoir inimaginable de la science moderne : comme temps, non comme espace, Paris est ou sera bientôt plus pres du Congo que Rome ne l'était de *Lugdunum*, d'*Augustodunum*, de *Lutetia*, de *Colonia*, de *Vindobona*.

Si nous disposons de l'espace bien plus que les Romains, disposons-nous comme eux du temps? Avons-nous des siècles devant nous pour faire, parfaire et garder de se défaire la plus grande œuvre de notre histoire?

Ah! voilà bien le souci, même la crainte, du désastre : d'où la nécessité de bander toutes les volontés vers le même idéal, la passion de ne distraire du but aucune des flèches du bon combat, l'urgence de ne pas s'étayer sur le désordre.

Que le *Polska nierzandem stoï* flamboie devant nous comme le *Mané, Thécel, Pharès* du festin de Balthazar !

Seulement, *Mané, Thécel, Pharès* était une prophétie à court délai ; *Polska nierzandem stoï* est le rappel d'un passé slave, dont un peuple néo-latin doit éviter le renouvellement dans un empire qui peut devenir, non pas sans doute les os de ses os et la chair de sa chair, mais l'esprit de son esprit, l'âme de son âme.

Quand Balthazar lut les trois mots flamboyants sur le mur, il n'avait plus le temps de sauver son royaume de l'atteinte des Mèdes et des Perses ; nous, Français d'Afrique, nous disposons probablement de quelques siècles ; nous pouvons créer, accroître et garantir, à condition de ne pas perdre ces centaines d'années, comme nous les perdîmes en Guyane.

XIX

GRANDEUR, VALEUR DE L'EMPIRE D'AFRIQUE : LE SAHARA

La valeur exacte de l'empire africain-français ne se mesure malheureusement pas à son étendue, évaluée par à peu près, Madagascar comprise, à 940 millions d'hectares, soit l'espace que l'Europe occupe dans le monde diminué de celui que la l'Italie et le Portugal réunis occupent en Europe.

C'est le quinzième des terres émergées de la mer, mais, infortunément, ce n'est point le quinzième des terres habitables.

De ces 940 millions d'hectares, équivalant à plus de dix-sept fois la France, une bonne moitié dans le Sahara, où rôdent les Touaregs, ne vaut pas beaucoup plus que ce que vaut le néant.

Ce que vaut le néant : c'est vraiment trop dire, ou plutôt c'est dire une fausseté, car si nulle part le Sahara n'est terre de choix, il ne faut pourtant pas le rayer absolument de notre Afrique.

Nous ne le connaissons pas encore tout entier, mais grâce à d'indomptables pionniers nous en avons assez vu pour nous en faire une idée nette.

Il n'a rien de l'uniformité qu'on lui supposait jadis.

Plaine de sable, vents sablonneux, caravanes englouties par le sable, l'atmosphère où l'on ne respire qu'arène embrasée, ainsi se figurait-on le désert redoutable qui avait enseveli l'armée de Cambyse comme en un clin d'œil alors qu'il a fallu des semaines de neige à l'hiver russe pour anéantir l'armée de Napoléon.

Tout contrairement, le Sahara n'est pas une plaine, mais une région très accidentée ; le sable n'y domine aucunement, et là où il s'y amoncelle, parfois, il faut le dire, sur d'immenses étendues, dans les *aregs*, c'est en dunes très massives dont un ouragan peut bien éparpiller la crête, la « faire fumer », mais non pas troubler la profondeur.

On y trouve toutes les formes possibles de roches, tous les terrains, des monts jusqu'à 1.500, 2.000, 2.500 mètres, voire 3.000 et plus, des gorges, des défilés et des vallées.

Il n'est pas non plus sec éternellement : il y pleut, fort irrégulièrement suivant les années, tantôt très peu, tantôt peu, tantôt presque prou : tel grand orage y crée instantanément une rivière de mille pas de largeur, des lacs, des gours, des cascades, qui ne durent guère ; mais, comme le grand soleil n'a pas le temps de les pomper, il faut bien que ces eaux aillent quelque part ; elles descendent en sous-sol ; lentement elles y coulent, filtrant partout où elles peuvent, ici tout près de la surface (et l'on n'a qu'à creuser un puits), ailleurs dans les grandes profondeurs (et l'on ne les conquerra que par des trous artésiens). Mais, quant à l'avenir, il suffit qu'elles soient là. On les arrêtera, par surcroît, quand on voudra, au-dessus du sol, en amont des étranglements, dans les granits et autres pierres dures, en Ahaggar, en Aïr, en maints autres endroits. Dans combien de vallées ne réservera-t-on pas la pluie par millions de mètres cubes en lacs de bénédiction !

Une preuve que le Sahara ne repousse pas la vie, c'est sa richesse (qui, bien entendu, serait ailleurs pauvreté) en plantes, en pousses et tiges, en herbes dont subsistent les gazelles, les antilopes, les chevaux, les ânes, les chameaux, et jusqu'à des lions.

Quand on dit que le Grand-Désert doit être soustrait de l'Empire en tant que pays de la soif, de la mort et du vide, il ne s'agit que de l'instant présent : le Sahara connut peut-être un passé brillant, il aura son avenir, probablement très modeste. Sec comme il est, avec ses nuits fraîches, si magiquement sereines, son air sans microbes, son sol sans souillures, qui sait, lorsqu'on pourra boire en certains lieux à sa soif, si l'on n'y verra pas un jour les plus illustres des sanatoires : aucun peuple de la terre n'a plus d'énergie, d'endurance, d'infatigabilité que les Touaregs, maîtres et tyrans dont nous venons d'y briser la maîtrise et la tyrannie.

En tout cas il est espace, et l'espace n'est pas le néant : on s'y meut, on y passe, on s'y trempe de soleil, d'air, d'infini — si la Terre pouvait contenir autre chose que de l'infiniment petit.

Le Sahara, « l'immensité jaune », qui est aussi l'immensité grise, noire ou blanche, troue l'Afrique française au beau milieu ; ce trou prend plus de place que le bloc, et au bloc il manque un pan de son ovale, à l'orient, là où le Nil se déroule du pied de la citadelle des monts d'Abyssinie au delta d'Égypte, d'abord dans la plaine herbeuse et palustre, puis à travers les sables nubiens, ensuite dans la vallée des prodigieuses ruines, des nécropoles à momies, des sphinx, des pyramides et des palmiers. Nous possédons, en ces parages de l'Est, ce qui se nomme officiellement la Côte française des Somalis ; elle borde le golfe d'Aden, le long de la route maritime la plus fréquentée d'ouest en est et de nord en sud, celle du canal de Suez, au passage de la mer Rouge (donc de la mer Méditerranée) dans la mer des Indes, à la descente la plus naturelle de l'empire d'Éthiopie vers le rendez-vous universel des peuples, qui est l'Océan.

Dans une heureuse et, comme on dit, providentielle entaille de la rive africaine, au plus près des plateaux abyssins, le port de Djibouti y est devenu subitement ville européenne et presque grande ville, depuis que des convois en partent sur les barres d'acier pour monter chez le Négus Ménélik. C'est, peut-on dire, une Somalie précieuse, entre l'italienne et l'anglaise, bien plus vastes qu'elle. Mais elle ne se développe sur son golfe d'Aden que sur quelques kilomètres, baie comprise ; et l'erreur de Fachoda lui a fermé le portail des rêves de grandeur : elle devait achever sur la mer des Indes, à travers toute l'Afrique, l'empire commencé sur l'Atlantique à la barre du Sénégal.

Le Sahara nous est triplement intempestif :

d'abord parce que le temps, dans le sens de température, y tanne durement les passants; ensuite, parce qu'à la différence des pays « humains », on y passe très peu, qu'il fait lacune, au lieu de continuité comme la mer, enfin, parce que sa qualité « d'inhumain » le prive d'hommes, qu'on n'y habite que çà et là, un environ de source, un tour de puits, un abord de suintement, un petit bout d'oued humide, rarement une grande oasis, à dix, vingt, à cinquante lieues d'une autre. C'est un vide qu'il y a indécence présentement (car qui connaît l'avenir?) à totaliser avec un plein.

En attendant de l'avenir la conquête de l'énergie solaire, l'eau évoquée des profondeurs à torrents, ou amenée des hauteurs, ou créée on ne sait encore ni de quoi, ni comment; en attendant aussi qu'on amène à la lumière du jour les trésors souterrains que peuvent cacher ses roches et ses sables, il convient de le retrancher brutalement de l'Empire sur son dixième de tour du monde et ses 1.500 à 2.000 kilomètres de travers: moyennant quoi la plus grande France, comme on dit, se trouve réduite à huit ou neuf fois la France d'Europe : pas plus, et c'est beaucoup, mais ce n'est guère.

C'est beaucoup, car se trouverait-il en France un seul Français, qui eût osé prévoir que trente ans après Sedan, après Metz, et Paris, nous serions devenus la seconde puissance coloniale de la Terre? Nous certes n'avions rien à espérer de la générosité du vainqueur : C'était un brutal, un rancunier, un insolent, un têtu, un homme de décision, de promptitude et de vengeance ; mais, si patriote qu'il fût évidemment, il songeait plus à nous humilier, à nous ruiner, qu'à pousser l'Allemagne dans la voie de sa véritable grandeur, sur le glorieux chemin de l'expansion mondiale ; esprit court, M. de Bismarck était un Prussien plutôt qu'un Allemand, un Européen bien plus qu'un cosmopolite dans le sens colonial et même chauvin qu'on peut attribuer à ce mot.

Son incompréhension des vraies destinées de son pays nous sauva : il aurait pu nous demander l'Algérie, et nos gouvernants, non moins inintelligents que lui, ne la lui auraient certainement point refusée ; il préféra cinq milliards et l'Alsace-Lorraine : il désunit de la sorte l'Europe, presque irréparablement sans doute, et il ouvrit, toute grande, la carrière à l'impérialisme anglais, à l'impérialisme yankee, à l'impérialisme russe.

Tremblants de perdre l'Algérie en 1871, maîtres en 1904 de l'Afrique Mineure, du Niger, du Congo, du Tchad, de Madagascar, de l'Indo-Chine, c'est donc beaucoup que huit à neuf fois la France.

Mais c'est peu quand on compare l'Angleterre à l'empire anglais, l'Espagne aux pays de langue espagnole, le Portugal au Brésil, la Belgique au Congo.

L'empire anglais dépasse plus de quatre-vingt-dix fois l'aire de la Grande-Bretagne, Angleterre, Écosse, Irlande réunies.

L'Espagne est aux pays espagnols comme un est à vingt-trois ou vingt-quatre.

Le Brésil, émancipé du Portugal, mais resté portugais de langue, d'esprit, de mœurs, vaut quatre-vingt-quatorze fois son antique métropole, les « îles adjacentes », c'est-à-dire les Açores et Madère non comprises; et ce qui reste encore de colonies au royaume lusitanien répond à vingt-quatre Lusitanies pour le moins.

Le Congo belge engloberait soixante-seize à soixante-dix-sept Belgiques.

Notre infériorité coloniale ne se montre pas seulement à la moindre supériorité territoriale de nos colonies sur leur métropole; elle est encore plus visible lorsqu'on compare les grandes villes extra-européennes anglaises, espagnoles, portugaises à nos cités d'au delà des mers.

New-York n'égale pas Londres, premier casernement du monde, mais de toute certitude, elle ne tardera guère à l'atteindre, voire à la dépasser; quand on est arrivé si vite aux quatre millions d'âmes, ce n'est rien d'en attraper encore un ou deux millions.

Madrid et Barcelone ne sont plus les deux grandes villes espagnoles; Buenos-Aires, la première cité latine après Paris, les bat déjà de plus de 200.000 habitants. De même, en terre lusitanienne, Lisbonne a 350.000 résidents, le Rio-de-Janeiro plus de 500.000.

Or, Paris a bien 3.500.000 habitants, tous faubourgs compris, contre les 200.000 de Tunis, les 150.000 d'Alger et banlieue, et contre les 250.000 Français de l'agglomération montréalaise.

Nous avons du chemin à courir avant que notre chère Lutèce soit décapitalisée, comme l'est Madrid par la « ville du Bon Air » et Lisbonne par le « Fleuve de Janvier ».

Montréal mise à part, qui pourrait bien finir par nous échapper, tant le milieu Saxon dont elle surgit est immense, rien ne dit que Tunis ou Alger aient pour destin de devenir nos plus grandes villes coloniales.

Le déroulement naturel de l'Afrique française pourrait bien leur susciter une triomphante rivale, dans une contrée très supérieure à la Tunisie ou à l'Algérie, ou même à ces deux pays réunis.

L'accession imminente du Maroc à notre domaine immédiatement francisable, en tant que colonisable dès aujourd'hui par nous et nos cousins des presqu'îles, étend singulièrement nos perspectives d avenir en Méditerranée, en Afrique, dans le monde.

XX

LE MAROC

Si l'on fait un bloc de l'Algérie et de la Tunisie, le grand, le vrai, l'essentiel désert non compris, on a sous les yeux une région d'entre mer et sable qui s'étend sur près de 1.200 kilomètres de l'ouest à l'est, plus exactement de l'est-est-nord à l'ouest-ouest-sud, mais qui n'a moyennement que 300 kilomètres de largeur.

Soit donc 36 millions d'hectares, un tout petit peu plus des deux tiers de la France, ajoutés outre-mer à notre domaine par le coup d'éventail entré glorieusement dans l'histoire, sans être, paraît-il, absolument historique : le dey d'Alger aurait seulement apostrophé le consul de France en animant son discours du va-et-vient brusque d'un chasse-mouches.

Ces deux tiers de France n'ont de valeur éminente que jusqu'à 80, 100, 150, rarement 200 kilomètres de la côte, là où des pluies d'automne et de printemps suffisent pour renouveler chaque année la parure de la terre : c'est là le pays de bénédiction connu sous le nom de Tell. A mesure qu'on s'avance au sud jusqu'aux crêtes méridionales de l'Atlas, l'humidité diminue, le ciel est d'airain, le sol dur, la source rare ; le vent souffle et siffle, il ne balance pas l'épi des moissons, ni la branche des fruits, ni les rameaux d'or de l'oranger ; il fait frissonner au raz de l'argile la blocaille et rocaille, les touffes de l'alfa et autres misérables herbes dont la brebis s'accommode : c'est le pays du mouton, le Steppe ; après quoi les oueds qui vont se perdre dans le Sahara donnent à boire aux palmiers, dans des ravines ardentes et c'est encore la vie ; enfin toute vie cesse, ou presque.

L'Algérie-Tunisie se divise donc en terre de culture, terre de pâture et pente oasienne. Comme la zone du labourage ne s'y distingue pas partout de celle de l'herbage sec, le long d'une ligne stricte, que même ces zones peuvent varier suivant l'humidité des années, qu'enfin il n'y a pas seulement du Tell et du Steppe, mais aussi du demi-Tell, qui, par cela même, est du demi-Steppe, les répartiteurs de fécondité ne se sont pas mis d'accord; tout ce qu'on peut affirmer, c'est que récemment de nouvelles et déjà prospères colonies ont fait passer du rang de Steppe au rang de Tell, et même de Tell excellent, les plateaux occidentaux du Sersou, dont on a pu prédire que dans vingt-cinq ans ils égaleraient la Métidja elle-même.

En jugeant avec équité, l'on peut évaluer la terre colonisable à la moitié du bloc, à 18 millions d'hectares; les autres 18 millions ne valent pas cher ; ils valent cependant.

A lui tout seul, le Maroc équilibre à peu près l'Algérie-Tunisie comme masse ; il a de son nord-est à son sud-ouest même longueur de 1.200 kilomètres, mais, en valeur réelle, il l'emporte singulièrement sur la région antérieurement française comprise entre la Méditerranée et la ligne saharienne de Gabès, Biskra, Laghouat et Aïn-Sefra. La montagne y a bien double hauteur, la pluie y tombe plus dru, les torrents y roulent à pleins bords et par delà le vieux et soucieux Atlas strié de neiges, la pente saharienne, où dégringolent des oueds magnifiques, est par endroits un chatoyant paradis terrestre avec ombres touffues et rumeurs de cascades.

Peut-être n'exagérerait-on pas en reconnaissant à ce complément de notre Atlantide deux fois la valeur du pays du coup d'éventail, augmenté du pays des incursions du Khroumir.

Maintenant nous sommes autorisés à répéter le refrain de Béranger :

> Vivent les rois qui sont unis!
> Vive Alger, Maroc et Tunis!

Nous nous voyons maîtres et seigneurs de 69 millions d'hectares, qui sont très bons, bons, passables ou possibles, dont 36 dans l'Algérie-Tunisie et 33 au Maroc : c'est l'équivalent de cent onze départements français; donc bien plus que la France et, par un sourire de la fortune, sur les deux mêmes mers que nous, sur l'Atlantique et la Méditerranée.

C'est bien là notre inestimable trésor, et qu'on ne pourra nous arracher sans s'exposer aux pires désastres.

Car l'Atlantide est une île, et même plus qu'une île.

Une île est un asile sûr et, si l'on y met ses soins, un asile inviolable : l'Angleterre le prouve.

Cependant une île est partout vulnérable; on l'attaque du ponent comme du levant, du septentrion comme du midi.

Tandis que notre Atlantide ne peut être tuée, ou seulement blessée, que sur son front de mer (comme toutes les îles); mais jamais on ne la blessera ou tuera sur son front de terre.

Elle a le privilège stratégique infiniment précieux, que d'ailleurs elle paie en siroco, en moissons brûlées, en sources taries, en feuilles flétries, le privilège tout de même d'être inabordable sur les cinq ou six cents lieues de sa rive méridionale, que bat non le vent de mer, mais le vent des sables, l'haleine embrasée, inique, infernale.

Sans doute, des conquérants lui sont venus du sud ; mais c'étaient des bandes de fanatiques, des convertisseurs, quelques pauvres centaines, quelques milliers de cavaliers et chameliers, qui tombaient comme la foudre sur des tribus déhanchées, disloquées, éternellement ennemies les unes des autres.

Mais jamais une grande armée d'invasion n'attaquera l'Atlas par le versant du sud. Qu'on ose donc imaginer cinq cent mille hommes ou cent mille seulement, infanterie, cavalerie, artillerie, génie, train des équipages, montant de Bérésof, de Biskra, d'Ouargla, de Laghouat, d'El-Goléa, de Figuig, à l'assaut de l'Aurès, de l'Amour ou de l'Adrar n'Deren aux cols aussi célestes que les passes des Alpes ou les ports des Pyrénées!

Les Algériens d'avant 1830 surnommaient Alger : la bien gardée ; l'Atlantide est aussi la bien gardée, pourvu qu'elle se garde ; et même l'inviolable, pour peu qu'elle veuille se garantir du viol.

Pour nous qui perdîmes le Canada, l'Inde, et qui sommes exposés à perdre l'Indo-Chine, aucune colonie ne peut valoir celle que nous sommes sûrs de sauver de toutes mains profanes.

Aucune autre non plus ne peut valoir celle-ci comme « humanité » : des Français, bons Alpins, bons Cévenols, bons Pyrénéens; des Italiens, des Valenciens, des Espagnols tôt assimilés ; des Berbères de l'espèce indomptable, des Arabes de beau profil : bien autre concours de races nobles que celui des Annamites, des Chinois et de quelques colons flottants épars sur l'immensité du monde jaune.

Aux cinq millions des Berbères et d'Arabes dont nous sommes les voisins, avant d'en être, espérons-le, les frères, voici que le Maroc ajoute un nombre d'indigènes encore tout à fait inconnu, mais certainement égal, et probablement supérieur à celui de nos Musulmans d'Algérie-Tunisie : six millions, dit ce voyageur; dix millions, prétend cet autre; douze, hasarde un troisième; au moins quinze, articule un quatrième. L'impression générale qu'en ont rapportée ceux qui l'ont parcouru, très souvent au péril de leur vie, est celle d'un pays bien peuplé, surtout parce qu'il est principalement habité par des Berbères. De vastes plaines d'une magnifique terre noire y demeurent en friche, de grands plateaux qu'on irriguerait aisément y restent secs, inertes, inutiles et déserts : sol arabe, insouciance arabe, paresse arabe, incurie arabe, et Dieu y pourvoira! Mais dès qu'on a gravi quelques ressauts, quand on entre chez les Berbères, on se trouve devant les mêmes spectacles que dans notre admirable Kabylie : canaux d'arrosage avec eaux partout ruisselantes, prairies, jardins, vergers, grands villages, du monde partout, des enfants à foison, une effervescence de vie. On en conclut que, le Kabyle y dominant sur l'Arabe, tandis qu'en Algérie-Tunisie l'Arabe domine sur le Kabyle, le Maroc a plus d'hommes à surfaces égales, d'autant que le sol a plus d'eau parce que le ciel a plus de pluie, à portée

7.

plus voisine de l'orageux Atlantique, au pied de montagnes de double ascension dans l'éther. En admettant dix millions de Marocains, on n'outrepasse peut-être pas la vérité ; on y compterait en moyenne trois Berbères contre deux Arabes; les Juifs monteraient à 150.000 ; les Nègres à 200.000 dont le sang se glisse par leur esclavage et concubinage dans les familles les plus fières de leurs origines, même dans celles qui se croient issues de la famille du Prophète.

Contrée doublant en surface notre Atlantide antérieure, et faisant plus que la doubler en hommes, en forces de la nature, en houille blanche, en tous éléments de durée, grandeur et prospérité, le Maroc lui ajoute non seulement plus de cent lieues de côtes méditerranéennes, mais aussi, et surtout, plus de trois cents lieues de rives océaniennes. Par lui, nos Africains respirent la grande brise devant la grande immensité, alors que la « mer entre les terres » est, par sa définition même, un lac plutôt qu'un océan.

Comme pourtant cette mer entre les terres baigne trois des continents du monde, sur les cinq dont notre Globe est fait, la cité qui commande le fleuve océanique par lequel elle communique avec l'Océan, Tanger, ville angulaire du continent d'Afrique, vis-à-vis du continent d'Europe, sur la route du continent d'Asie, Tanger n'a guère de rivale sur terre, si elle en a, pour l'excellence de son site.

A peine pourrait-on lui comparer Carthagène des Indes, qui fut si glorieuse, à son site angulaire de l'Amérique du Sud : encore faudrait-il qu'à la place de l'isthme de Panama s'ouvrît un détroit, et qu'au loin vers l'Orient se levât, au lieu des Antilles, un continent massif comme l'Asie.

Tanger ayant derrière elle toute l'Afrique, autant qu'Alger et que Tunis, et régnant en plus sur l'entrée de la mer verte dans la mer bleue, pourra donc devenir la plus grande cité de la France extra-française et même aspirer au rang de ville mondiale.

Certes, avant que brillent les jours lointains où Tanger sera reine d'Afrique, il passera des eaux « infinies » dans le Bosphore tingitan, profond de près de mille mètres en son plus creux abîme : onde qui ne va pas, comme on croirait, de Méditerranée en Atlantique, mais de l'Atlantique à la Méditerranée, qu'elle empêche de se sécher jusqu'à devenir une Caspienne. Sans nul doute, mais Tanger occupe évidemment un lieu « souverain ».

Laissons l'avenir dormir dans ses limbes; ne jugeons que du présent : l'accession du Maroc nous oriente vers notre destinée manifeste, l'Afrique. Nous prenons ici la langue française en faute : il est fort singulier que l' « Occident le plus éloigné » nous oriente. Sans le Maroc à connaître, à pénétrer, à restaurer, à franciser, œuvre immense, on pourrait se passionner pour notre domaine extrême-oriental; mais comment s'enthousiasmer d'Indo-Chine quand on a le bonheur et l'honneur de recevoir du sort, près de Bordeaux comme de Marseille, un pays auquel peu d'autres sont à comparer comme splendeur de nature, et aucun peut-être comme splendeur de situation?

XXI

AGRANDISSEMENTS FUTURS DE L'EMPIRE

Mais l'Empire sera plus grand, ou il ne sera pas.

Il lui manquait hier encore le plus essentiel anneau de son déroulement, le Maroc, qui coupe sur quatre à cinq cents lieues son rivage de Méditerranée et d'Atlantique.

Il ne lui manque plus : l'Europe nous l'abandonne en principe ; il était temps, grand temps que l'Empire Barbaresque nous revînt, lui qui hantait les Français de quelque intelligence, ce qui signifie ici les coloniaux, les mondiaux et jamais, au grand jamais, les équilibristes européens.

A un très bref recul dans le passé, nous disions couramment — sauf quelques passionnés : — le Maroc à la vieille et chevaleresque Espagne ! comme auparavant nous avions crié : Tunis à la jeune et vaillante Italie !

Si la marche en avant vers le Niger et le Tchad n'avait pas été si rapide. pour que le piétinement sur place ne livrât pas l'espace à l'Angleterre et à l'Allemagne, on aurait pu, sans aucun doute, imaginer l'Italie à Carthage, l'Espagne à Tanger, l'une et l'autre des nations sœurs ayant ainsi dans sa main l'une des clés du continent.

Il suffisait pour nous d'oublier, nous, les oublieux : ici l'inertie, sinon la trahison du *Re Galantuomo* et de son peuple, peut-être aussi la joie secrète en 1870; là l'offre du trône de Madrid à un prince allemand d'une famille antifrançaise par destination; et, avant cette ouverture de l'outre des tempêtes, la rupture de l'alliance anglo-hispano-française au Mexique ; et après le déchaînement de l'orage qui balaya l'Alsace-Lorraine, les sommes énormes dépensées par la nation des hidalgos en forts et batteries contre la France alors qu'il s'agissait surtout pour elle de garantir Cuba menacée de près par les Yankee, et les Philippines pour lesquelles les Espagnols ne redoutaient aucunement les Américains, mais appréhendaient, dit-on, la naissante et déjà formidable ambition japonaise.

A l'Italie Tunis, puis Tripoli et en arrière le Tchad ; à l'Espagne le Maroc et en arrière le Niger.

Mais alors rien à la France, prise entre les Ibériens à Tombouctou, les Ausoniens autour de la Grande Lagune, les Anglais ayant déjà Lagos et le delta du fleuve soudanais.

Par bonheur, les Français possédaient de longtemps le bas du fleuve Sénégal et l'estuaire du Gabon depuis quelques décades. De la première de ces deux escales ils ont atteint Tombouctou ; de la seconde, le Congo, puis le Tchad.

Ainsi se sont-ils assuré la suprématie au pays des Noirs : à l'Espagne ils ont subtilisé le Soudan d'Occident, car quand même le

Maroc lui serait un jour revenu, il ne l'aurait plus menée au Niger, devenu français ; à l'Italie, nous avons ravi le Soudan central, encore qu'il faille une singulière absence de sagesse pour lui avoir offert pleine et entière liberté dans le pachalik de Tripoli.

Plus intelligents que nous, plus politiques et rusés, avec une plus longue suite dans les idées, les Italiens convoitent la Tripolitaine, sûrement moins pour elle-même, elle ne vaut guère, que pour sa cohésion avec l'Afrique du Tchad et du Congo. L'avenir, se disent-ils, est là peut-être : une coalition pourrait abattre la France à temps et Tripoli mène à la fois à Tunis, au delta du Nil et au centre de l'Afrique.

Ils raisonnent très bien, et nous très mal, puisque toujours et malgré tout nous visons l'Égypte — la preuve en est dans l'aide apportée au chemin de fer de Somalie en Éthiopie, — et puisque nous ne voulons perdre ni la Tunisie, ni le Tchad, ni le coude de l'Oubangui, ni le Congo, ni la cohésion des trois Frances du continent, l'Algérie, le Soudan, la Congolie.

Notre plus strict devoir était donc de n'offrir la Tripolitaine et la Cyrénaïque à personne : les Anglais ne les laisseront pas aux Italiens, la dernière du moins, aussi délibérément que nous, et la destinée non plus.

Car le temps combat pour nous : la France africaine se tasse ; elle prépare les instruments de règne, chemins de fer du Sénégal, de la Guinée, de la Côte de l'Ivoire, du Dahomey, les routes, les armées, les milices, les lignes d'attaque, les postes de défense ; les colons croissent vivement en Algérie et commencent à se montrer en Tunisie ; grands concessionnaires, planteurs, trafiquants s'engagent en Soudanie, en Congolie, sur la voie de la fortune ou de la misère, et avant très longtemps il y aura des oncles d'Afrique.

Il n'est donc pas impossible qu'un jour, à qui réclamerait le Tchad en vertu de la Tripolitaine, puisque la côte entraîne l'arrière-pays, on répondît par la demande de la Tripolitaine, en vertu du Tchad, du Chari, de l'Oubangui, parce qu'un vaste, un plantureux intérieur entraîne un sec, un maigre, un étroit, un presque inexistant littoral.

L'influence réciproque ne peut pas ne pas être à l'avantage de l'arrière-pays quand il l'emporte en étendue sur la zone marine, autant que nos régions de l'Afrique intérieure sur la Tripolitaine, l'Algérie-Tunisie et le Maroc.

Africainement parlant, l'Afrique est encore amorphe ; elle ne l'est pas moins, européennement parlant. L'avenir y a de difficiles questions à décider, des partages à refaire, des dominations à humilier ou à exalter : à notre profit, nous devons l'espérer, par la simple raison que, dans la moitié septentrionale, nous sommes la masse et l'antériorité, l'œuvre datant de 1830, et la force, le nerf, par la présence de toute une jeune nation de jour en jour plus africaine par le nombre des hommes nés en Afrique.

Nous avons donc lieu de nous attribuer en espoir, pour tôt ou tard, nombre de pays qui nous seront très précieux :

La Guinée portugaise, enclave de 37.000 kilomètres carrés richement tropicale ;

La Gambie anglaise, pas même 11.000 kilomètres carrés, zone de cinq lieues de largeur aux deux rives du fleuve de ce nom, à partir de l'extrême lieu de sa navigation ;

La Sierra-Léone anglaise et la Libéria, libre, comme son nom le proclame : ces deux États contigus n'occupent ensemble que 13 à 14 millions d'hectares, le long de fleuves côtiers, sur une largeur de 250 à 350 kilomètres au plus entre l'ourlet de l'Atlantique et la tranche des monts d'où descend le Niger.

Au delà de la Côte de l'Ivoire, ce n'est plus nous qui bloquons les autres contre le littoral, ce sont les autres qui nous rejettent au loin dans l'intérieur : Côte de l'Or anglaise (18 à 19 millions d'hectares), Togo des Allemands (8 à 9 millions), Lagos et Nigéria des Britishers (95 millions), Cameroun allemand (50 millions) : ensemble l'étendue de plus de trois Frances, serrant à l'étouffer notre Dahomey, qui n'est qu'une étroite avenue allant du ressac de l'Atlantique aux grands rapides du fleuve des Noirs.

La Côte de l'Or et le Togo nous renvoient

à 550-700 kilomètres du flot vivant et vivifiant, mais sans nous évincer de la terre habitable puisqu'il y a derrière eux, à leur septentrion, 700 kilomètres à travers la boucle du Niger jusqu'au coude de Tombouctou-Tosaye. Mais à l'orient du Dahomey, le mal est bien plus grand : nos amis grincheux au delà du possible, les Barbares roux d'outre-Manche, nous relèguent à plus de deux cents lieues de l'Atlantique soit jusqu'aux steppes demi-sahariens, soit jusqu'à la bordure même du « Grand Sable » ou de la « Grande Pierre ». De la sorte, avec nos autres grands amis d'outre-Vosges, ils séparent la « Latinie » soudanaise, si peu latine, de la « Latinie » congolaise, qui l'est encore moins, par un effroyable trou « saxon », par une lacune de douze à treize cents kilomètres.

Toutefois, comparés à la trinité d'Atlas, Soudan, Congo, les 172 millions d'hectares bretons et prussiens descendent du rang supérieur de bloc au rang subordonné d'enclave. Quand les chemins de fer du Sahara, du Niger, du Congo, du Tchad auront fait des trois tronçons un seul être qui pourra prendre pour devise l'*irourac bat*, le *trois dans un* des Basques, il n'est pas dit que le contenant n'absorbera pas le contenu, ou, pour plus d'exactitude, que l'enveloppant n'étouffera pas l'enveloppé.

La force de la France dans le Nord-Ouest a deux causes profondes.

La première, c'est que l'Afrique française s'appuie en Afrique même sur une nouvelle France suffisamment puissante pour attirer à elle les pays épars, comme l'aimant attire la limaille ; tandis que l'Afrique anglaise et l'Afrique allemande de l'Ouest n'ont de recours et secours qu'outre-mer, hors d'Afrique et loin d'Afrique.

La seconde, c'est que nos peuples soudanais, voisins du sable que les Anglais nous ont ironiquement autorisés à gratter, sont beaucoup plus solides, bien plus ardents et conquérants que les nations de la région tropicale humide.

La sécheresse comme le froid durcit la fibre humaine, et le désert est un créateur et conservateur d'énergie.

XXII

LE CONGO BELGE

Possibilités lointaines et peut-être impossibilités tout cela, alors qu'à toucher la Congolie française, le Congo belge nous offre les réalités du présent et les sérieuses probabilités de l'avenir.

Si la Belgique a l'air d'une naine, même d'une sous-naine, à côté de la France dix-huit fois plus grande, le Congo belge dépasse notablement la Congolie française, bien que celle-ci soit très vaste : il déploie 225 millions d'hectares sur des plateaux de quelque altitude qui, vraisemblablement, ne resteront pas toujours hostiles à la race blanche.

Les quinze millions d'habitants qu'on lui suppose — d'aucuns disent vingt, vingt-cinq, trente millions — parlent une foule de langues, dialectes, patois, la plupart se rapportant au grand idiome bantou, qui règne sous des formes diverses, mais avec le même esprit, la même grammaire, la même philosophie, la même syntaxe, sur presque toute l'Afrique au midi de l'Équateur, avec empiétements au nord de la Ligne.

Mais les nécessités de la domination, de l'administration, de l'exploitation du pays, celles de l'armée, de l'instruction, du commerce, ont mis une langue nullement africaine au-dessus de toutes les autres.

Or, ce parler officiel est justement le français.

La Belgique est bilingue, à la fois flamande et wallonne, autrement dit picarde, donc française, avec une certaine prédominance numérique du flamand, mais une grande supériorité sociale du français ; le vlaamsch, sous-langue plutôt que langue, simple dialecte du hollandais, lequel est une « allure » du bas-allemand, y a cédé tout naturellement le pas au français, idiome mondial, alors que le parler de Gand, de Bruges, d'Anvers ne dépasse pas le pouvoir d'un idiome local. Notre langue est donc l'organe officiel de la Belgique ; et mieux encore, car il exprime l'âme belge, l'esprit belge, la pensée belge beaucoup plus que son rival.

De la Belgique il a naturellement passé, par la même nécessité, dans le Congo belge. Il y est devenu le porte-voix des conceptions officielles, des ordres, du commandement militaire, de la justice, des écoles ; c'est la *Brabançonne*, que chantent en chœur les élèves dans les cérémonies, fêtes, revues, comme ailleurs la *Marseillaise*, le *God save the King*, le *Boje, tsara Krani !*

Cependant il faut se méfier du Congo belge.

C'est un guêpier que ce centre du continent, au voisinage des Anglais, des Allemands comme des Français, et guigné par ces trois peuples, très certainement par les deux premiers. Peut-être, cette rivalité, garantira-t-elle le caractère belge de la Congolie, avec le français pour porte-parole ; l'énergie des Belges, leur activité, leur esprit d'entreprise, leur puissance industrielle et les autres supériorités de cette nation, à la fois très petite et très grande, mériteraient cette récompense.

En admettant le pire, si le Congo belge, dit indépendant, cesse d'être l'un et l'autre, sous la double poussée de l'ambition « saxonne », les deux complices devront faire la part du troisième aspirant. Seulement, la Pologne, que les trois larrons dépèceront au milieu de l'Afrique, n'aura rien de ce qui faisait en justice juste l'intangibilité, la « sainteté » de la Pologne du centre de l'Europe : les Congolais ne sont point un peuple solidement institué par les traditions, la religion, la langue, l'histoire, la souffrance ou la joie en commun, les mêmes haines et les mêmes amours.

Notre prélèvement, théoriquement égal au tiers des 225 millions d'hectares, soit 75 millions, une France et demie, comportera la descente du fleuve Congo jusqu'à l'Atlantique, dans la région des cascades, puis de l'estuaire, la remonte sur les deux rives au moins jusqu'aux chutes Stanley, l'Ouellé, l'Arahouimi ; il devra, dépassant l'Equateur, continuer d'orient en occident le parallèle qui sépare l'Afrique orientale anglaise, au nord, de l'Afrique orientale allemande.

De la sorte, le Congo français se distendrait sur le nord et le nord-ouest du Congo des Belges ; les Allemands prendraient l'est en prolongement du Deutsch Sud-Ost Afrika ; les Anglais saisiraient le sud, en extension de leur Rhodésie septentrionale.

Souhaitons tout de même, autant qu'il se peut, longueur, profusion et diffusion de vie à l'Etat belge indépendant !

Ce serait, d'ailleurs, une lâcheté « coloniale » ajoutée à beaucoup d'autres que de ne pas le défendre contre les deux sournois qui le guettent.

Nous avons des raisons de faire cause commune avec lui, et lui, encore plus, de s'allier à nous : trop faible pour lutter contre deux « impérialismes », il faut bien qu'il recoure à un troisième.

Si les traités, les conventions librement consenties entre voisins tenaient de ce libre consentement un caractère d'inviolabilité, nous aurions lieu d'être tranquilles, en vertu du droit de préemption que la Belgique nous a reconnu : il est convenu, vu, entendu, signé, paraphé entre nous que si, quelque jour, la Belgique renonce à son Congo, c'est à la France qu'elle l'offrira, moyennant juste et préalable indemnité; à la France, alors, d'accepter ou de refuser — c'est là notre « droit de préemption ». Mais, traités, conventions, libres engagements, tout cela c'est poussière aujourd'hui.

Néanmoins, ce droit de préemption est une arme entre nos mains, dans le cas où le Congo belge, maintenu dans la voie française par l'immigration italienne à laquelle il songe, ne pourrait tout de même résister aux malintentionnés de son voisinage.

Probablement qu'il résistera, puis triomphera : le vaste établissement des Belges dans l'Afrique Centrale prend de plus en plus consistance. De moins en moins on le décrie, et beaucoup voient en lui la colonie modèle.

XXIII

CONFORMONS NOS ENTREPRISES A NOTRE FAIBLESSE

Rêves d'avenir que tout cela, sans doute, mais quand l'imagination enfante un désir, ce désir un but, et ce but un acte suivi d'autres actes, elle peut mettre un empire au monde.

Ne laissons donc pas s'accroupir la « folle du logis », qui est aussi la sage et la prévoyante ! Qu'elle prenne son vol, les ailes grandes ouvertes et qu'elle plane !

Au lieu de l'aigle dans les cieux, trop de batraciens aux cuisses courtes, à l'œil borné, perdus dans l'ornière qui mène au trou sous un mur, ont profané l'auguste fonction d'imaginer pour la France. Et sans quelques visionnaires nous ne serions plus rien, non pas même en Afrique, au plus près de nos deux rivages, dans le seul arrondissement du monde où se lèvent pour nous les étoiles propices.

Que ferons-nous de durable en cette Afrique même, si du regard de la foi triomphante, nous ne voyons pas dans l'avenir radieux, à travers le présent honteux, miséreux, chancelant, une énorme nation qui nous perpétuera durant ce que nous appelons éternité quoique la durée dite sans fin soit tout ce qu'il y a de plus petitement fini ?

Mais, s'il convient de voir de haut pour voir au loin, il convient encore plus de ne pas regarder de tous les côtés à la fois, de peur de brouiller les images, puis de fixer les yeux sur les lieux trompeurs.

N'oublions pas comment nous avons sué sang et eau pour le Milanais, qui, étant italien, cisalpin, répugne naturellement à supporter les Transalpins, soit autrichiens, soit français. — Et encore plus de sang pour la frontière du Rhin !

S'il est un peuple qui n'ait qu'à lire son histoire pour savoir où sont les faux Eldorados, c'est le nôtre. Aucun n'a plus payé la dîme du sang, la dîme de l'or, et pour si peu de puissance, de bonheur, de tranquillité, pour s'entendre crier de partout : « *Væ victis* ! »

Le mirage amène en zigzag les caravaniers à la mort, loin de la source qui devait étancher leur soif.

Étant donc, nous, les gens de France, une caravane qui a déjà fait une route immense, mais presque toujours en tournant bêtement en rond, nous avons perdu beaucoup de notre force dans des marches insensées au pourchas de l'insaisissable, et maintenant il faut conformer nos efforts à notre faiblesse.

Nous n'avons pas saisi l'occasion aux cheveux quand elle a passé devant nous, désireuse d'être violentée.

Nous fûmes les plus civilisés, les plus riches, les plus nombreux des Européens. Devant l'Allemagne déchirée et futile, la Russie à peine existante, la France était au temps de Louis XIV le premier pays du monde pour le nombre d'hommes, la plénitude du coffre-fort, la force de l'armée, l'audace et puissance de la marine, les sciences, les arts, la diffusion de l'idiome national. C'était l'instant de dominer la terre, par le Canada, la Louisiane, les Antilles, l'Inde, les îles. Et ce fut le moment qu'on choisit pour lâcher la proie devant l'ombre.

On négligea de peupler à fond l'Amérique tempérée, on « hécatomba » des armées pour l' « honneur de la maison royale », pour humilier des empereurs, des princes, pour imposer à l'Espagne un Bourbon, pour politiquer à tort et à travers en Europe, sur des questions d'étiquette, de vanité, d'équilibre, de jalousie, de rancune.

Sans doute, les autres peuples n'avaient pas en ce temps-là plus de raison que nous, et tous se massacraient au petit bonheur pour tout et pour rien. Mais la France était prise entre l'enclume et les marteaux des grandes puissances : l'Angleterre au nord, l'Espagne au midi, l'Allemagne et l'Autriche au levant ; il lui fallait faire front de tous côtés, au profit d'un seul : car l'Angleterre, inaccessible dans son île, raflait les meilleurs pays de la terre ; avant tout notre Canada.

Pouvons-nous tenter aujourd'hui ce qu'il nous était possible d'entreprendre antan, quand nous avions le premier rang, la plus forte force, avec bien plus de nationaux que la Grande-Bretagne, que l'Allemagne, que l'Autriche, que l'Espagne, et autant que la Russie, encore dans l'enfance, tandis que les États-Unis sortaient à peine des limbes ?

Non, puisque la Bannière Étoilée flotte sur 80 millions d'Yankee, que le Tsar Blanc commande à 140 millions d'hommes, que l'Angleterre, l'Allemagne, l'Austro-Hongrie nous dépassent peu ou prou en population ; l'empereur de Berlin régnera bientôt sur vingt millions d'Allemands de plus qu'il n'y a de Français en France ; la petite Italie se flatte d'arriver presque aussitôt que nous à quarante millions d'âmes, son soleil brillant sur des maisons aussi fécondes que les nôtres sont stériles. Et sans elle, sans l'Espagne, sans les Néo-Latins de l'Afrique Mineure, nous ne suffirions pas à notre tâche africaine.

Heureusement cette sève algérienne, celle d'Ausonie, celle d'Ibérie feront croître hautement l'arbre de l'Empire ; il s'étiolerait sans elles. Évidemment, les Italiens pourront déplorer comme nation la perte des familles qu'ils envoient à notre profit dans une Afrique autrefois romaine et qui aurait parfaitement pu devenir italienne ; il est pour eux plus douloureux encore d'enfouir des millions d'Ausoniens dans l'Amérique du Sud pour le plus grand avantage des Ibériens. Mais pas plus que nous ils ne peuvent refaire l'histoire.

Quant aux Espagnols, nos plus fermes soutiens, ils nous rendront en Afrique l'aide que nous leur avons prêtée en Amérique : la France a contribué pour une part longtemps éminente à l'essor des pays castillanisants, notamment de Cuba, de l'Argentine et de la Bande Orientale.

Les Portugais, eux, ne nous ont pas encore envoyé de colons, tandis que nous en avons fourni beaucoup au Brésil ; mais ils en ont probablement en réserve pour le Maroc, leur proche voisin.

XXIV

POLITIQUE EUROPÉENNE, POLITIQUE MONDIALE, POLITIQUE AFRICAINE

Notre infériorité dans le vaste monde est telle qu'elle nous interdit deux politiques sur les trois, pas une de plus, auxquelles nous pourrions nous hasarder.

A la politique européenne il ne faut plus songer. Morte l'ambition d'hégémonie continentale, Moloch à qui France, Espagne, Autriche sacrifièrent tant d'innocents et dont l'Allemagne hébétée mendie aujourd'hui le sourire !

Mort l'équilibre européen, que tant d'hommes d'État ont adoré comme le Dieu jaloux, sur le double autel de la Paix et de la Guerre !

Morte la frontière du Rhin, notre plus redoutable erreur !

Mort l'espoir injuste de refouler la « barbarie » moscovite dans les steppes de l'Asie !

Morte la légende du Cosaque : il vaut l'heïduque, le pandour, le uhlan, le horse-guard, et horse-guard, uhlan, pandour, heïduque ne valent pas mieux que lui !

Slaves, Germains, Latins, les trois grandes races occupent à peu près leur place définitive en Europe.

Au surplus, ce n'est pas la France qui pourrait y changer quoi que ce soit : la force lui manque, tant la poussée militaire que la force vitale ; il ne nous reste guère que la force morale, nos livres, nos arts, notre science, nos découvertes, nos bienfaits (avec quelques méfaits), nos apostolats, notre propagande.

Trop faibles pour recommencer une politique européenne — heureusement pour nous, et pour tous, puisque cette politique a trompé tout le monde — nous le sommes également pour la politique mondiale, ainsi que la pratiquent les Anglais et les États-Unis, infidèles à leur doctrine de « l'Amérique aux Américains ! », qui semblerait devoir les retrancher logiquement du reste des terres, et même les Russes, que leurs ambitions asiatiques portent à la fois vers le Pacifique, la plus mondiale des mers, et vers la Méditerranée, la plus belle de toutes.

Nous avons trop peu d'excès de vie pour nous disperser à tous les tournants du globe; Albion elle-même n'y suffit qu'avec la complicité des peuples qu'elle dupe, à force de ruse, de persévérance, de continuité dans l'effort; tout au contraire de la France, brave personne au fond, et même un peu niaise, qui n'a pas la moindre perfidie et ne conçoit un plan que pour l'abandonner aussitôt. Elle a marché, tout le long de son histoire, de surprise en ébahissement, d'hallucination en folie, allant, stupéfaite, de la trahison des uns à la trahison des autres, de la ruine d'une entreprise à la ruine d'une autre, d'un enthousiasme à une déception, et d'une déception à un enthousiasme. Dans son petit chez soi, de Dunkerque à Port-Vendres, et hors de chez soi, dans n'importe lequel des cinq continents, elle a pour principe de ses actes la confiance absolue aux bonnes paroles de tout un chacun. Elle oublie que l'homme fut toujours implacable pour l'homme, et les peuples toujours tigres entre eux, griffes ouvertes après patte de velours.

Incapables donc de politique mondiale comme de politique étroitement européenne, proportionnons l'œuvre à l'ouvrier, par la pratique assidue de la politique africaine, aussi exclusive qu'il se pourra.

En Afrique, nous sommes aussi solides qu'ailleurs nous nous sentons vacillants et presque déquillés.

Avant tout, par une telle proximité qu'à vrai dire, l'Empire touche presque à la métropole : la Méditerranée est-elle autre chose qu'un Léman magnifié ? De Port-Vendres à la rive algérienne il n'y a pas quarante-quatre fois la distance de la vaudoise Morges à la savoisienne Amphion ; de Marseille au littoral de la province de Constantine cinquante fois seulement cet écart de 13.800 mètres à travers des flots bleus, guère plus de dix fois les 72.300 mètres qui font la longueur de la mer indigo de Genève : c'est à peine une journée en pyroscaphe et, quand on le voudra, moins encore.

On part de Paris un beau soir, on arrive dans l'après-midi du surlendemain à Alger, « la carrière de marbre » environ quarante heures, beaucoup moins qu'antan de Paris à Bordeaux par la lourde diligence aux six chevaux fringants. On gagnera certainement quelques heures encore ; même elles seraient déjà gagnées si l'on avait mis au service des passagers d'aussi rapides paquebots que ceux qu'on lance à la traversée des océans.

Un Parisien goguenard répondit un jour à un Anglais qui lui demandait la route de Marseille : « Prenez la grand' rue jusqu'à Lyon, puis le faubourg jusqu'à la Cannebière ; droit devant vous ! » On peut presque en dire autant pour Alger : « Tout droit jusqu'au bout de la banlieue ; là, passez la rivière : il n'y a point de ponts, mais les bateaux ne manquent pas ! »

A si faible écart, l'Afrique Mineure, seuil de l'Afrique Majeure, continue presque la France ; encore mieux continuerait-elle ou l'Espagne ou l'Italie, mais 1830 en a disposé autrement en creusant, sur une autre pente, un autre lit à l'un des fleuves de la Destinée.

Ce proche voisinage garantit l'Algérie contre le péril d'une nouvelle conquête. Impossible de nous l'enlever par un coup de force, comme jadis le Canada, sevré de nous par l'éloignement, à travers une mer que sillonnaient des flottes ennemies plus puissantes que les nôtres.

Ce continent ou le peu que nous en possédions réellement, l'Inde, les îles étaient comme des membres de facile amputation, mais l'Afrique Mineure nous est comme un organe essentiel, touchant presque au cœur, et dont l'extirpation serait notre mort. Or, il est décidément malaisé de tuer la France, tant à cause de sa résistance, de sa ténacité à durer, de sa solidité, de sa cohésion que de la presque impossibilité d'instituer contre les seuls Français une coalition européenne pareille à celles du passé. On ne verra probablement plus de Sainte Alliance, mais des Duplices, des Triplices, voire des Quintuplices, des Décuplices si bien opposées, entremêlées, qu'elles se paralyseront, comme autrefois l'embrouillement des intérêts, des rois, princes, ducs, évêques, villes libres entortilla le Saint Empire Romain, puis la Confédération Germanique jusqu'à leur enlever presque toute puissance de nuire.

Si pourtant une guerre éclatait, de telle à telle coalition, avec entrée contrainte ou bénévole de la France dans le fulgurant et tonitruant branle-bas, la Méditerranée est trop étroite pour que le pire sort coupe net, absolument, en tout temps, en toute occurrence, la Provence de la Corse, de l'Atlantide et Toulon de Bizerte. Ce ne sera pas *viribus sparsis*, mais bien *viribus unitis*, qu'on maintiendra la France des deux rives, une et indivisible, comme nos pères disaient de la République.

L'intangibilité de l'Atlantide entraînera forcément celle de tout l'empire africain dès le jour où le transsaharien, quel qu'il soit, ou même les transsahariens et les transsoudaniens de prolongement, glisseront à travers déserts, monts, brousse et sylves d'Oran, de Bône, de Tunis à Tombouctou, à Saint-Louis et Dakar, à Konakry, à Bingerville, à Porto-Novo, au coude de l'Oubangui, à Brazzaville, à Libreville. Le secours viendrait malaisément de Cherbourg, de Brest, de Rochefort, par une mer où nous aurons toujours trop de rivaux et des rivaux trop forts : il arrivera des quatre provinces, des sept ou des huit maintenant que le Maroc a suivi son anankê.

Bizerte, Alger, Oran imprenables, les coloniaux et les indigènes du Tell, les Sénégalais et Soudaniens en armes, les voies de fer rayonnant de Tombouctou ou d'ailleurs vers les littoraux de mer ou les rives des grands fleuves, en un mot, le réseau, même à mailles lâches, d'Alger à Brazzaville, ainsi se défendra jusqu'à plein triomphe, ainsi se maintiendra, bien mieux, s'agrandira notre Afrique plus sûrement que par le fameux canal des Deux Mers et les flottes interverties d'Atlantique à Méditerranée, ou de mer Intérieure à mer ouverte.

Il importe beaucoup sans doute à l'intégrité de l'Empire que la France ne succombe pas sur le Rhin, la Moselle et la Meuse; mais il vaut mieux, « impérialement » parlant, qu'elle ne perde pas les lacs de Bizerte, les sahels de Bône, d'Alger, d'Oran : s'ils ne lui échappent point, elle gardera sa part de continent, plus des chances d'outre-brousse et d'outre-forêt.

Les Sénégalais, Soudaniens, Berbères sur lesquels pèsera le plus grand poids de la défense de l'Afrique, auront de moins en moins des Français de France à leurs côtés dans la lutte, et de plus en plus des Néo-Latins de l'Atlas. C'est là justement ce qui fera le salut de l'Empire, quand on l'attaquera d'Europe ou d'Amérique. Car on l'attaquera bien quelque jour, s'il n'est pas trop puissant pour qu'on redoute de l'assaillir.

Osons le dire : à mesure que la science marche, il semble que l'iniquité progresse.

On flatte autant qu'autrefois les forts et l'on méprise encore plus les faibles.

XXV

LE PEUPLE ALGÉRIEN

A toute vie il faut un ferment, à toute naissance un germe, à toute durée un centre ou un axe de résistance.

L'élément latin est ici tout cela : il crée la tradition, il donne l'orientation, il prépare l'avenir. De lui l'on peut dire : *Mens agitat molem.*

Néo-Latin veut dire ici : Néo-Français : Jusqu'à ce jour notre sang ne contribue que pour moitié, ou un peu plus, à la genèse des Franco-Africains, mais notre langue institue leur esprit, c'est autour d'elle que se cristallisent les éléments variés qu'attire l'Atlantide, en attendant que, sur la part de continent à nous dévolue, elle amalgame à la longue en une vaste nation francisante, les peuples inféodés, en ce début du vingtième siècle, à une foule d'idiomes abracadabrants.

Au fond, la future Grande France méditerranéenne et océanique, barbaresque, gétule, lybienne, éthiopienne, n'a que cette raison de devenir.

Née tout à fait par hasard, elle atteint l'âge heureux de soixante-quatorze ans ; pour un peuple, c'est à peine la fin de la première enfance, mais c'est beaucoup d'avoir surmonté les périls dont la nature menace les commencements de toute destinée.

D'autant que peu de nations ont aussi mal débuté que la pauvre Algérie, longtemps rebutée par la France, parmi les maladies, les intempéries, les accidents, les désastres, pareille à l'enfant sans feu, ni lieu, sans jeux, sans gaîté, sans espérance.

On disait d'elle : « Les cimetières s'y peuplent avant les villes » ou :

« Il n'y a là rien de rien : il faut tout y

importer, sauf l'air ; et encore celui-ci y est-il mauvais ! » ou bien :

« Ses plaines infectes sont le pays de la mort sans gloire », ou bien encore, « un foyer de maladie et de mort, un domaine de chacals et de bandits arabes ».

Cependant, un de perdu, deux de retrouvés : la mort n'y moissonnait pas tellement qu'un peu de vie timide ne fleurît à côté ; les familles françaises ne disparaissaient pas toutes dans les marais de la Métidja, les palus de Bône, la fournaise du Chéliff ; il en surnagea d'abord quelques-unes, puis un peu plus, puis beaucoup ; et déjà les Minorquins, les Valenciens, les Alicantins, les Andalous, les Italiens du Nord, les Napolitains, les Siciliens, les Maltais arrivaient à la rescousse, plus résistants que nous à la misère, au soleil, à la malaria, à la dysenterie, au typhus ; leurs filles s'unissaient à nos garçons et leurs garçons à nos filles ; leurs langues, leurs patois s'en allaient, parfois à la première génération. Dès lors, la Nouvelle-France respirait tout juste, ensuite elle fut vigoureuse : la voici perdurable, avec une santé de fer et la promesse d'un décours indéfini.

Peuple encore tout menu, et pourtant le voici presque égal au seul autre peuple d'origine européenne qui vive au continent des Noirs, dans l'Afrique du Sud, entre le Zambèze, l'Atlantique et la mer des Indes. La colonie du Cap, la Natalie, l'État d'Orange, le Transvaal, le pays des Betchouanas, les Rhodésies, cette Afrique australe anglaise, plus exactement hollando anglaise, obéit à 800.000 Blancs seulement, dont 250.000 Anglais et 550.000 Néerlandais parmi des millions de Nègres ; pourtant les Néderduitschs y débarquèrent en 1652, l'Angleterre y domine depuis plus de cent ans et les mines de diamants, d'or, y ont attiré des aventuriers sans nombre.

En regard, les quatre provinces de notre Atlantide mêlent déjà 700.000 colons, dont 400.000 Français, à leurs millions de Berbères et d'Arabes ; or, soixante-quatorze ans seulement nous séparent de la prise d'Alger, soixante-sept de celle de Constantine, vingt-trois de l'arrivée à Tunis.

Sept cent mille Néo-Latins, le long de quatre cents lieues de côtes, avec grandes et moyennes cités où ils ont la majorité, certes la semence a levé, dont on a cru longtemps qu'elle ne donnerait pas d'épis, tant le soleil s'obstinait à ne pas luire sur des sillons rouges de sang. « Celui qui porte la graine, dit le psalmiste, ira son chemin en pleurant, mais il reviendra avec chant de triomphe quand il portera ses gerbes ! » Ainsi en a-t-il été de la France en Afrique Mineure.

Nous pouvons donc maintenant entonner le magnificat : à supposer qu'il n'arrivât plus un seul immigrant de France, d'Espagne, d'Italie, de Malte ou d'ailleurs, ces 700.000 « Africains » assurent la durée de notre hégémonie ; car ils sont de ceux qui croissent imperturbablement, qui doublent en moins de deux générations, et qu'un étroit espace ne saurait contenir. Ils vont partout de l'avant : c'est la source dont l'eau s'épanche éternellement.

L'Algérie française a déjà commencé de se verser petitement sur la Tunisie ; chaque année elle élève trop de jeunes gens pour le peu de terres annuellement livrées aux colons, et d'ailleurs les lots des colonies nouvelles sont destinés aux métropolitains pour les deux tiers. C'est pourquoi maints villages ont vu des jeunes gens, des familles (heureusement en petit nombre) émigrer en Amérique, en Argentine, au Brésil, au Canada — perte de substance que des gouvernants intelligents arrêteraient au profit de la Tunisie en dirigeant de la patrie de Jugurtha sur celle d'Annibal la fleur de jeunesse à laquelle Alger, Constantine, Oran ne suffisent pas.

Quelque peu qu'on ait fait pour la nationalisation de la Tunisie par des éléments français, peut-être même quoiqu'on ait fait contre elle pendant des années, il y a déjà parmi les trente mille Franco-Tunisiens plusieurs milliers d'Algériens-Français, la plupart venus de la province de Constantine, la moindre part de celle d'Oran ; celle d'Alger tenant le milieu, conformément aux distances.

Nul doute que de Numidie et Mauritanie en Afrique — au temps romain, la Tunisie c'était l'Afrique, province consulaire — nul doute que chaque année n'accroisse la transfusion du sang national.

Plus tard, ce sera d'abord d'Oranie, puis d'Algérie, enfin de Numidie, toujours suivant la loi des distances, que l'orient et le centre du Moghreb reflueront vers son occident ; après quoi l'Afrique Mineure se déversera indéfiniment dans l'Afrique Majeure, les blancs iront vers les demi-noirs et vers les noirs.

L'avenir verra ce qu'a vu le passé, ce que voit même le présent.

L'Afrique du Nord s'est entièrement islamisée, grandement arabisée par la langue et jusqu'à un certain degré par le sang, tout d'abord d'est en ouest, puis de nord en midi, quand la journée de Tours, ensuite les mille batailles d'Ibérie eurent brisé la poussée de la Djéhad ou Guerre Sainte.

Chassés d'Europe, les hommes du Coran, du Livre, forts d'une culture supérieure, s'écoulèrent silencieusement, en petit nombre, mais toujours, par toutes les fissures, ouadis, oasis, brèches dans les monts de la

Hamada, tout à travers le Grand Sahara, vers le Grand Soudan, digne de louange, car, dit un proverbe arabe, en deux vers : « Le goudron guérit la gale du chameau, le Soudan guérit la pauvreté. » Comme prédicateurs de la Loi, guerriers, condottières, commerçants (surtout en esclaves), aventuriers, pionniers, ils « s'amenèrent » et « s'amènent » toujours sur le Sénégal, le Niger, le Tchad, presque jusqu'au Congo, propageant la foi contenue dans ces douze mots : « Il n'est de Dieu que Dieu, et Mahomet est son prophète. »

Armés par l'algèbre et la chimie, nous sommes dix fois plus puissants au moins que les Arabes d'antan, sur des routes cinquante fois plus rapides. Il ne tient qu'à nous de faire en quelques décades ce que les Musulmans ont fait en quelques siècles ; c'est trop peu de dire qu'aujourd'hui les années valent double.

Avant de fournir des pionniers à l'évolution pacifique de l'Afrique Majeure, l'Algérie a donné sans compter des martyrs à l'exploration et à la conquête du continent.

XXVI

AD ASTRA PER ASPERA

L'immensité de la fonction attribuée à l'Algérie dans la régénération de l'Afrique nous montre à elle seule combien furent coupables, conscients les uns, inconscients les autres, les Français qui arrêtèrent tant qu'ils purent la colonisation des trois provinces, qui l'arrêtent autant qu'ils peuvent dans la quatrième et nouvelle : jusqu'à dire que l'Afrique du Nord n'est pas une colonie de peuplement, quoique pourtant les familles françaises y croissent plus vite qu'en France.

L'optimisme seul crée, et c'est la foi qui sauve.

Non pas certes la foi délirante — encore a-t-elle mis debout l'Islam et d'autres religions — ni l'optimisme idiot, comme il y aura bientôt cent cinquante ans, quand nous voulûmes remplacer le Canada par la Guyane et que nous jetâmes treize mille malheureux dans l'Amérique du Sud, sans avoir réfléchi deux minutes, n'ayant choisi ni les lieux salubres, ni les colons appropriés, ayant pris des Alsaciens et des Rhénans au lieu de Gascons, Languedociens et Provençaux, campé ces misérables dans les marais puants, effervescentés par le soleil de l'Équateur. Au petit bonheur ! avait-on dit, et ce fut un grand malheur !

Après 1830, surtout vers 1850, la conquête à peu près achevée, l'optimisme, qui était certainement la sagesse, consistait à dire : « Ce pays nous va très bien ; qui a vu la Provence, les vallées méridionales, le Roussillon, la Corse, l'Italie de la « botte » ou des îles, l'Espagne, la Catalogne, les Baléares, voit combien l'Algérie leur ressemble : aussi les hommes de ces contrées s'y trouvent-ils comme chez eux. Les Français, même ceux du Nord, finissent par vivre très commodément à Barcelone, à Madrid, à Malaga, à Rome à Naples, à Palerme; ils finiront par habiter avec délices Alger, Oran, Médéa, Constantine et Bône.

« Après tout, c'est ici la mer latine et nous, Français, nous sommes en partie des Méditerranéens par notre ascendance : où le père a pu vivre, le fils ne respirerait-il pas joyeusement ? »

Au lieu du chœur joyeux des hardis, ce fut la funèbre litanie des poltrons : « Oh ! l'affreux pays où tout le monde meurt ! Là où il est fertile, il est malsain ; là où il est sain, il est stérile ! C'est le boulet du galérien au pied de la France ! Aussi, pas un Français, rien que des étrangers, Mahonais, Valenciens, Napolitains, Siciliens ! » Il y a quelques années, un homme fort distingué, pas Français, il est vrai, publia sur l'Algérie un livre où il s'extasiait d'avoir enfin rencontré à Sétif des hommes originaires de France ; il n'en avait pas vu jusque-là, quoiqu'ils grouillent.

Il n'en aurait aperçu que de pauvres centaines, ou pas du tout, lors de la fameuse « enceinte continue »; mais le grand marabout, Abd-el-Kader eut la très funeste ambition de nous chasser de l'Afrique.

A nous voir si veules, et en même temps si dépourvus de sens, nous qui avions fait sa royauté de nos propres mains, alors que nous l'avions vaincu et que nous allions le faire rentrer aisément dans son néant, il s'était dit : « Allah les a rendus fous, il me les livre, pieds et poings liés! » Il nous déclara donc la guerre, tua nos colons, ruina nos fermes, nous contraignit à la lutte, et nous y gagnâmes l'Afrique, dépassant ainsi de quelques milliers de kilomètres les bornes de l' « enceinte continue ».

Par une incroyable neurasthénie, et le Parlement comme le Gouvernement ne se décidant jamais pour le oui ni pour le non, nous avions imaginé d'entourer d'un fossé le morceau du Sahel et le morceau de Métidja que nous nous réservions aux portes d'Alger ; et les sentinelles avaient ordre de cribler de coups de fusil le colon, le civil, le « mercanti » quelconque assez mauvais Français pour sortir du lieu réservé.

Puis, plus tard, les étrangers affluant, les pessimistes ont recommencé : « Nous couvons un œuf espagnol dans l'Ouest, un œuf italien dans l'Est ; jamais les Français du Nord, ni peut-être nos Méridionaux, ne s'acclimateront en Afrique : Rome y a duré sept cents ans et n'y a laissé que des ruines ; on y naît bien moins qu'on y meurt, il n'y naît que des filles. Nous ferions mieux de coloniser la France. Les indigènes seront toujours une écrasante majorité ; nous ne les franciserons pas, ils nous arabiseront. » Et ainsi de suite, à l'infini.

Et les savants de prouver, les bouffons de ricaner, les députés de tonner à la tribune, les gouvernants d'hésiter, les colons de partir pour l'Amérique au lieu d'aborder à quelques lieues de chez eux dans la Provence d'outre-mer.

Ces stupidités, contre lesquelles protestait toute la nature des choses, arrivèrent à leur comble quand l'italianissime qui a fait l'Italie et l'Allemagne en avariant la France, décida souverainement que l'Algérie est « un royaume arabe » et tenta de ramener sur le littoral les colons aventurés déjà dans l'intérieur.

Il comprenait à sa manière et comprenait mal l'alliance latine. Pour qu'une armée soit une armée, non pas une foule chaotique plus dangereuse à elle-même qu'aux ennemis, il lui faut un généralissime ; pour qu'une confédération ne se disloque pas en rivalités, en « inconciabilités », il importe qu'un des confédérés ait une force hégémonique.

Si donc il avait fait vœu de défendre la race latine, il devait d'abord la défendre en Europe contre l'appétit allemand, la morgue anglaise, au lieu d'aller la protéger au Mexique contre les Anglo-Saxons d'Amérique qui n'entendent pas raillerie si l'on fait mine de les gêner ; et pour la sauvegarder en Europe, il avait pour devoir de fortifier la prépondérance française sur l'Espagne et l'Italie en complétant l'Algérie par le Maroc et la Tunisie, en surveillant de près l'Égypte et en restant dans la Syrie, qu'il venait d'occuper ; sur quoi, il abandonna la Syrie, négligea l'Égypte, la Tunisie, essaya d'implanter l'Espagne au Maroc et imagina de faire de notre pauvre Algérie une principauté arabe dont, à ce qu'on prétend, il eut un moment l'intention d'offrir le principat, sous forme de vice-royauté, à notre excellent ami-ennemi Abd-el-Kader.

Bien qu'encore tout près de nous, on peut dire que ces temps sont loin; on ne parle plus d'abandonner l'Afrique, ainsi que sous Louis-Philippe, ou d'en faire une nouvelle Arabie, comme sous Napoléon, mais d'y traiter l'Arabe en frère, en même temps que d'y augmenter au plus vite le nombre des frères des Arabes, ce qui veut dire ici: les Français.

C'est très bien, mais combien de Français, de francisés et de francisables à bref délai y aurait-il en notre Afrique du Nord, 1.500.000 peut-être, au moins un million ou même 1.200.000, au lieu de 800.000 si des optimistes résolus avaient poussé rapidement la conquête, dégagé des terres, envoyé des colons en foule, instauré la confiance, qui amène l'ardeur, et l'ardeur garantit le succès? Où en serions-nous si, comme on dit maintenant, l'Algérie avait eu l'heur d'une bonne presse au lieu d'une mauvaise?

Et même où en serions-nous sans M. de Bismarck-Schönhausen?

En tout il a fait comme Abd-el-Kader, sinon qu'il nous a vaincus et que nous battîmes le chef arabe.

Ainsi que le marabout de la Guethna, le grand cuirassier botté et casqué nous a forcés à nous retourner, comme on dit.

Il nous a tant houspillés, razziés, saignés, insultés par surcroît, en parlant des justes châtiments qu'il nous avait infligés avec l'aide du dieu des armées; il nous a, comme il aimait à le répéter tant, laissé cuire dans notre jus, que nous avons sauté hors de la marmite et qu'une vaillante jeunesse est partie pour conquérir un demi-continent.

Grâces lui en soient rendues jusqu'aux siècles des siècles!

Il nous a, pour ainsi dire, chassés d'Europe; nous sommes allés en Afrique.

XXVII

FAUT-IL OUI OU NON RÉPANDRE NOTRE IDIOME DANS L'EMPIRE ?

Combien dénués aussi de sens, ceux qui prient, supplient de ne pas franciser quant à la langue nos indigènes de tout idiome, Berbères, Arabes, Ouoloffs, Malinkés, Sonrhais, Peuhls, Mossis, Zandehs, Bantous, Malgaches, etc.

« Malheureux, disent-ils, que prétendez-vous faire ? »

« Quoi ! vous êtes d'un esprit si court, d'une audace si folle, d'une attaque si turbulente que vous osez dire à la nature : « Halte-là ! »

« Chaque peuple a créé son langage, et ce langage est devenu le peuple lui-même, la race elle-même, tout ce que cette race, ce peuple a compris, imaginé, pensé, déduit du spectacle des choses. En le lui ravissant, vous le videz de sa mentalité, vous lui volez le passé d'où son avenir aurait spontanément jailli; vous en faites un perroquet qui jacasse et qui ne comprend pas. Laissez-le donc à ses pensers en le laissant à son verbe, qui évoluera de lui-même pour arriver peut-être aux cimes d'une perfection que votre français, dont vous êtes si fiers, n'atteindra jamais! »

Il se pourrait; mais le tourbillonnement de la mer du monde arrache désormais toute indépendance au roulis des nations : les vents sont trop durs, les tiphons trop aspirants, les saccades trop fortes, les marées trop hautaines pour que chaque flot se déroule en long rythme jusqu'au port, asile de la tranquillité; les petits élans s'y coupent et s'y traversent; les immenses ondulations s'y propagent seules droit devant elles.

Tous les petits idiomes ont le droit à la survivance, mais aucun n'en a la force; et la force, ici, c'est bien vite le droit.

Le temps comme le milieu les condamnent également : celui-ci les secoue, puis les noie et les efface dans des ressacs énormes, entre des vents haineux, sous un ciel colérique ; celui-là renonce pour eux à sa durée : il faut des siècles aux langues pour éclore, croître, proliférer, assurer leur maturité, suivre d'un pas droit toutes les avenues de la pensée ; faute de l'impossible éternité, le moment leur appartient — mais il n'y a plus de moment pour les idiomes sans lettres parlés par des hommes sans armes, sans or, sans longs calculs, sans la cimentation qui fait des blocs épars une muraille romaine.

Il ne leur reste que la mort, à eux et aux idées, aux originalités, aux beautés qu'ils préparaient (ou ne préparaient pas) pour l'avenir. Peut-être que l'un deux serait devenu le « Sésame, ouvre-toi ! » de l'intelligence, la clé des plus beaux songes et des plus riches trésors, comme peut-être le plus grand des génies a reposé sa tête, aujourd'hui crâne vacant, dans le plus obscur des cimetières, sans que son soleil ait jeté de rayons dans l'obscurité.

Quand bien même nous soulèverions ciel et terre pour maintenir ces dix, ces cinquante, ces cent langues, elles mourraient de leur impuissance, par incapacité de suffire à ceux qui les parlent dans le tumulte du vingtième siècle.

Avant qu'elles aient pu s'accommoder aux sciences, aux arts, à la philosophie, à la politique, avant d'avoir créé le vocabulaire *sine quo non*, inspiré les cent mille volumes sans lesquels un peuple ne peut vivre autrement que pour les basses besognes, elles seront depuis longtemps reprises par l'éternel silence.

Mourir pour mourir, pourquoi n'auraient-elles pas le français pour héritier, au lieu de l'anglais, de l'allemand, de tout autre idiome de l'Europe occidentale ou d'ailleurs?

Il faut bien se mettre en tête qu'il en est des parlers, des consciences, comme des territoires : si l'un ne s'en empare pas, c'est l'autre, ou l'anglais, ou le russe, ou l'italien, ou l'allemand, ou tel autre joyeux larron. A qui fera-t-on croire, par exemple, qu'Albion négligera jamais de s'assurer d'une proie, au profit de son commerce d'abord, puis de sa Bible, interprétée de cent façons, enfin de son Shakespeare, de son Dickens ou de son Rudyard Kipling ?

En enlevant à un peuple sa langue, dites-vous, on lui enlève son génie : Sénèque et Lucain et d'autres qui parlaient latin n'étaient donc pas des Espagnols, des hidalgos, des sonores, des outranciers, des gongoristes ? On ne reconnaissait donc pas les écrivains d'Afrique, tel Apulée, au *nescio quid* africain ? Et les Gaulois écrivaient-ils comme des Romains ?

D'une langue à l'autre, le génie reste, mais il ne se manifeste pas absolument sous la même forme. Nos grands écrivains, à nous, Français, parlent plusieurs langues en une seule, en vertu des milieux différents, des atavismes divers, et c'est pour cela que notre littérature est diverse ; mais de ce que le celtique de nos plus nombreux ancêtres a fait place au latin, nous n'en avons aucunement perdu l'intelligence, l'art, le génie ; ils s'expriment différemment : voilà tout !

Le remplacement des idiomes africains par le français ne détruira pas le moins du monde les âmes de nos peuples : ce qu'il y a d'original dans leur mentalité subsistera pour augmenter la nôtre.

A cette substitution ils ne perdront pas, et nous y gagnerons des vibrations, des harmonies nouvelles pour la grande langue de oui : d'autres voix s'uniront à nos voix intérieures.

Si l'Arabe, par exemple, regrette un jour le déclin, puis la mort de son idiome rude, rocailleux, guttural, mais poétique et puissant, et d'ailleurs tellement inférieur au français pour qui veut s'orienter dans l'encyclopédie des connaissances humaines, les autres nations à nous inféodées ne peuvent que gagner à passer de leur langue à la nôtre : nombre de nos peuples ont pour tout chef-d'œuvre des contes de la Mère l'Oie, des chansons de Malborough et des complaintes de Fualdès.

Quant à notre verbe à nous, il exprimait l'âme antérieure aux Celtes, l'âme celtique, l'âme ibérique, l'âme ligure, etc., etc. il exprimera dorénavant l'âme arabe, l'âme berbère, l'âme mandingue, l'âme saharienne, l'âme nigérienne, et d'autres encore.

XXVIII

RESTONS CHEZ NOUS, EN EUROPE, DIT LE FAUX SAGE

« En voilà des contes à dormir debout, dit le partisan de l'équilibre européen! Que de rêves, et que de billevesées !

« Quelles offenses au doit et avoir !

« Restonscheznous, cultivonsnotrejardin !

« Notre verre est petit, buvons dans notre verre ! »

Ainsi donc, rester chez soi, se concentrer en soi, finir avec soi, passer et n'être plus : ah ! la rare prudence !

Ceux qui parlent de la sorte ne sont pas des fous qui vendent la sagesse. Ce sont des « sages » qui vendent la folie.

Si toute la nation pensait comme eux, elle se conformerait à l'idéal d'un trop grand nombre des nôtres : ne pas étendre sa famille, la rétrécir même dès la première génération, mettre à l'origine de la seconde un fils unique, composer, *per fas et nefas*, de deux maisonnées une seule ; puis, de restriction en restriction, d'unité en unité toujours plus compréhensive (en regard du passé) et, la mort aidant, qui fauche les uniques aussi bien que les multiples, mettre un hameau à la place d'une province et, finalement, faire de la vie la mort.

Dans les plus riches vallées de France les témoins attristés ne manquent pas qui voient cinq, dix, douze, jusqu'à vingt domaines passer aux mains d'un héritier « cumulard » ; ou qui entendent dire à tel vieux : « J'ai gâché ma vie, j'ai traîné de café en café, d'exposition en exposition, de chasse en chasse, de concours hippique en concours hippique, d'égoïsme en ennui et en nausée, et je n'ai pas d'enfants, pas même de cousins à qui laisser mes métairies. »

Certes, la France peut imiter ces abstentionnistes après lesquels il n'y a que des absents ; il lui suffit, comme à ces familles sans rejetons, de ne pas grainer, d'imiter le rentier fatigué, exténué de ses heures, disons de ses années oisives, de ne s'attacher qu'à la routine des futilités les plus futiles, des durées les moins durables, telles par exemple que l'éternité d'une coterie, ou d'une secte, d'une cabale, d'une idée politique, d'une mode, d'un argot, d'une lubie artistique ou littéraire, d'un misérable « septennat » ou « décanat ».

S'enfermer dans l'égoïsme transcendantal, ne rien voir au delà d'une étroite frontière, fermer les yeux devant la mer comme devant l'épouvante et, par une erreur inconcevable, préférer perdre cent mille jeunes gens en Europe pour trois lieues carrées de terrain que cent hommes en Afrique pour cent millions d'hectares : voilà la politique de la restriction, la politique européenne, la politique continentale, la politique de l'équilibre, — l'Alsace-Lorraine à part, qui mérite de loyales hécatombes : mais si nous avons puissance mondiale, nous récupérerons plus sûrement la province perdue que si nous restons impotents dans le monde.

Bien plus sanglante que la politique « universelle », c'est-à-dire africaine, en ce qui nous concerne, la politique continentale est aussi bien plus onéreuse.

Passons sous silence la vieille royauté, la république dite grande, le premier empire, les guerres d'Italie, celles de la succession d'Espagne, de la succession d'Autriche, toutes glorieuses si l'on veut — encore pas toujours — mais d'une inutilité révoltante.

Tenons-nous-en aux deux luttes continentales qui nous ont menés au désastre de 1870. Avec ce qu'exigea de trépas, de blessures, d'amputations (alors mortelles) la guerre de Crimée, faite à l'encontre du Russe, notre allié naturel, et pour le profit de l'ennemi toujours inconciliable, on aurait aisément réuni le Maroc à l'Algérie et pris à temps la route du Niger au long du Sénégal. Avec ce que la guerre d'Italie nous prit de soucis, de vies, d'audace et d'or, nous aurions entraîné l'Égypte et tout le Nil dans l'orbite de la France; avec ce que ces deux campagnes néfastes nous ont coûté en Europe, nous aurions fait des merveilles hors de l'Europe.

Quant à la guerre du Mexique, elle prouva que la politique mondiale est impraticable sans un minimum de raison : il était fou, absolument fou d'aller s'user au loin en Amérique, à la frontière d'un peuple très avide, colossalement riche, démesurément puissant, alors qu'on avait ses grands intérêts au plus près, en Afrique, là où l'on pouvait tout oser et tout réussir.

Là furent les songes, les mirages, les billevesées, les folies, devant Sébastopol, aux champs rouges de Magenta, de Solférino, aux tranchées de la Puebla, comme à un degré moindre, dans les rizières de la Cochinchine, les deltas et monts du Tonkin, les plaines boueuses qui se déroulent entre la mer chinoise et les murs de Pékin, deux fois assaillis par nous : la première fois dans une guerre funeste puisque nous la fîmes à la remorque des Anglais, et la seconde en une lutte non moins stérile et non moins injuste, à la remorque de toute l'Europe.

Les offenses au doit et avoir, la France ne les commet pas présentement en Afrique, mais elle les a commises de tout temps un peu partout, principalement en Europe, quand désormais constituée, elle arrivait à l'âge de se propager dans l'espace, ce qui est justement le meilleur moyen de se propager dans le temps.

C'est donc sans regrets, au contraire avec joie, qu'elle doit dépenser en Afrique du sang, de l'argent, des énergies, un effort continu pour augmenter son domaine partout où faire se pourra, pour réunir par des voies de fer les trois tronçons de l'Empire et pour maintenir la paix française.

De cette paix germera la concorde; et celle-ci, elle évoquera la fraternité, amènera la fusion, même l'absorption finale en ce qu'elle a de possible, et probablement de facile, par le pouvoir presque infini d'une même langue mondiale.

Le français doit sonner sur le Niger, le Chari, le Congo comme sur la Seine, la Saône et la Loire, le Chéliff, le Saint-Laurent et la rivière Outaouais.

XXIX

NOUS POUVONS MALGRÉ TOUT COLONISER L'AFRIQUE

Le sceptique, impuissant par définition, voit l'impuissance partout.

Il n'admet pas que la France ait assez d'effusion vitale pour modeler son tiers d'Afrique.

« Non seulement, dit-il, vous ne le coloniserez pas, le climat s'y oppose, mais vous ne serez pas capables de lui fournir le minimum nécessaire d'hommes de l'espèce dite dirigeante, ce qu'il lui faudra de planteurs, de régisseurs, ingénieurs, entrepreneurs, usiniers, négociants, maîtres et maîtresses d'école, médecins, ouvriers d'art; quelques traîneurs de sabre et quelques égratigneurs de paperasse administrative, c'est à quoi se borne votre pouvoir. »

La presque stagnation de la race française en France donne une apparence de raison à ces Jérémies d'avant la catastrophe qui a toutes chances d'être un triomphe.

Une apparence seulement : si peu que croisse le nombre des Français de France, que ce soit par excès de vie ou par venue d'étrangers bientôt francisés, il s'accroît pourtant chaque année de quelques dizaines de milliers d'hommes en moyenne, encore que des centaines, parfois des milliers de familles, quittent le « sol sacré » pour la terre étrangère, Amérique latine, Argentine, Bande Orientale, Brésil, Chili, les Antilles, les États-Unis, le Canada et aussi, cela s'entend, pour l'Algérie et la Tunisie.

Il ne faut pas beaucoup de ménages pour peupler un pays, la suite des années aidant. A la rigueur deux ou trois suffisent, et à la rigueur des rigueurs, un seul avec d'autres nécessités, d'autres mœurs, un autre code. Le cours des choses amène du vide absolu au trop-plein d'une contrée, même grande, immense, incommensurable; les 2.500.000 Canadiens-Français descendent de deux mille familles seulement, dont les premières arrivèrent au commencement du dix-septième siècle. Supposons, ce qui n'a rien d'excessif, un doublement de la population en trente années; admettons que le découvreur du Saint-Laurent eût débarqué, le jour même de sa découverte, une cinquantaine de familles seulement dans le havre fluvial de Québec, il y aurait, de ce seul fait, 500.000 Français dans l'Amérique du Nord. Les quelques dizaines de familles du Perche installées au temps de Colbert sur la côte de Beaupré, à l'aval immédiat de la froide Québec, ont donné jusqu'à cette heure quelque 250.000 citoyens au Nouveau Monde. Enfin *dix* personnes, laissées à elles-mêmes pendant moins de sept siècles, sans contrainte, sans heurts, épidémies, guerres, désastres, cataclysmes, aligneraient avant ces sept cents ans révolus, un *milliard* d'êtres plus ou moins responsables.

Avec dix mille émigrants par an, et il y eut telle année où la France en essaima plus du double, nous tiendrons parfaitement l'Afrique et nous la peuplerons autant qu'elle deviendra colonie de peuplement ; lentement, il va sans dire, à mesure qu'elle se drainera, s'assainira, se « découvrira » là où il y a trop de forêts, se « couvrira », là où il n'y en a pas assez ou pas du tout ; quand on aura droit de mort sur les microbes mortels, droit de vie sur les vivifiants; lorsqu'on aura créé des villes fraîches au plus chaud de la zone suffoquante, comme on a réchauffé les demeures au plus froid du cercle polaire, jusque chez les mangeurs de poissons, les Esquimaux qui étouffent près du Pôle même dans leur hutte de neige éclairée à l'huile de phoque.

L'*omnis feret omnia tellus* de Virgile, « toute la terre portera tout », ne s'appliquera pas seulement aux plantes, mais aussi à l'humanité. Avant qu'il soit bien longtemps, le globe entier sera le domaine de la race entière; l'homme y sera partout chez lui.

XXX

NE DILAPIDONS PAS NOS ÉMIGRANTS

Nous sommes de force à coloniser les lieux de notre domaine colonisable européennement parlant; mais c'est tout juste si nous en avons le pouvoir; notre devoir strict est donc de ne pas gaspiller notre petit trésor. Nous ne sommes pas des Italiens, des Espagnols, des Portugais, des Roumains, des Allemands, des Scandinaves, des Polonais, des Russes, aptes à remplir le monde; nous sommes des Français à peine capables de l'empêcher de se vider.

La torpeur de notre sève nous commande d'être avares de notre sang.

Trois cent, quatre cent, cinq cent mille Italiens par an s'en vont d'Italie; plus de la moitié ne reverra jamais le pays auquel le Destin « a fait le don funeste de la beauté ». L'Italie les remplace aussitôt par un million, onze cent mille, douze cent mille naissances contre sept à huit cent mille décès seulement : d'où trois cent à quatre cent mille d'excédent ; assez pour combler ou presque combler ou plus que combler, suivant les années, la place que tant de départs ont laissée vacante.

Mais nous, avec notre plus que misérable survie de vingt, trente, cinquante, quatre-vingt mille au maximum par an, à quoi peut bien nous servir notre exubérance — étymologiquement, c'est le mot, mais il a quelque chose de singulier quand on l'applique à un aussi petit débordement de vie que celui de la natalité française ?

Elle est tout juste capable de nous engager à ne pas faire ce que nous conseillaient de faux docteurs, et à faire ce qu'ils nous déconseillaient.

Ces docteurs aimaient d'amour la doctrine selon laquelle « le commerce suit le drapeau »; comme si le commerce pouvait être patriote, nationaliste, hautement désintéressé; il est aussi patriote que la finance, et c'est tout dire.

Absolument cosmopolite de sa nature, intéressé par définition, cherchant le gain où il le trouve et préférant ce gain à tout au monde, que lui importe donc le drapeau, fût-il celui des bords du Rhin, de Jemmapes, de Fleurus et aussi de Waterloo ? Le commerce, au vrai du vrai, suit son avantage, que la patrie y gagne ou qu'elle y perde — pas moins, ni plus.

Les docteurs ci-dessus étaient (et sont, mais bien moins nombreux) des profès en toute économie politique, des libre-échangistes, des prédicateurs de la paix universelle, des apôtres du désarmement, que d'ailleurs ils prêchent au Français seulement, autrement dit à l'agneau, mais qu'ils ne prêchent pas à l'Anglais, à l'Allemand, au Yankee, c'est-à-dire aux loups. Ils sont aussi des observants de la doctrine du doit et avoir.

Ils nous disaient, ils nous disent : « A

quoi bon toutes ces colonies qui vous coûtent les yeux de la tête ? Colonisons chez les autres, il ne nous en coûtera rien du tout. Envoyons nos jeunes gens à l'étranger ; ils nous y créeront des relations commerciales, ils nous feront vendre nos vins, nos soies, nos fers ; au lieu d'acheter en Angleterre, en Allemagne, aux États-Unis, ils achèteront en France, par patriotisme, puisque le commerce suit le drapeau. »

L'un deux, non des moindres, prononça du haut de la tribune du Parlement ce mémorable apophtegme : « La France n'a que deux grandes colonies : Buenos-Aires et San-Francisco ! »

Sans doute les Français établis à San-Francisco, à Buenos-Aires, à Rio-de-Janeiro font des commandes à Paris, à Bordeaux, à Lyon, à Marseille ; ils fêtent le 14 juillet, ils crient de temps en temps : Vive la France ! Mais ils la font mourir en ce qui les concerne, du moins la plupart, puisqu'ils se marient avec des filles du pays ; leur descendance est anglaise, « américaine », chilienne, brésilienne, argentine, et après deux ou trois générations, tout est oublié de la mère-patrie, ses idées, ses sympathies et antipathies, sa langue, tout enfin.

Inutile d'aller jusqu'à Buenos-Aires ou à San-Francisco pour se convaincre, à San-Francisco surtout, du peu que pèse la France dans ces grandes villes cosmopolites, l'une de langue castillane, l'autre anglaise. Inutile aussi de traverser d'outre en outre l'Afrique pour n'y pas entendre dans les diverses colonies du Cap de Bon Espoir, un mot, un seul mot de français au milieu d'une nation française pour un tiers par ses origines. A deux pas de chez nous, l'Angleterre n'a rien que d'anti-français malgré la multitude de Normands, de Manceaux, d'Angevins, Poitevins, Gascons, que nous lui avons envoyés pendant des siècles, justement alors qu'elle était française par son gouvernement, ses grands seigneurs, ses hobereaux, sa justice.

Qu'on recherche donc par delà le Rhin ce qui reste de français en Wurtemberg, dans les villages peuplés de Vaudois et de Cévenols arrivés vers l'an 1700 : le Grand

Villard, le Petit Villard, Corres, Sinac, Pinache, Serres, Pérouse, le Queyras, le Bourset, la Balme, Lucerne et autres encore ! Ce qu'il en reste ? De vagues souvenirs et des noms de famille durcis à la teutonne.

Un peu plus loin, en Hongrie, rien d'aussi peu français que les colonies de bons Lorrains établies dans la seconde moitié du dix-huitième siècle entre Szegedin et Temesvar. Nul n'y comprend l'idiome des aïeux ; Saint-Hubert est devenu Nagy-Oroszi ; Charleville, Kis-Oroszi ; Seultour, Kis-Oroszin ; Trubswetter a gardé son nom allemand. Pourtant ces Français, perdus dès le premier jour pour nous par le fait même du but de leur voyage, arrivèrent en masse profonde au milieu des Magyars et des Deutschs : trois à quatre mille familles, dit-on, parties des environs de Nancy, de Commercy, d'Avricourt, de Lunéville. — Imaginons pour un instant qu'un bon génie les eût expatriées au Canada, nous aurions trois cent mille cousins de plus à interpeller en bon français.

Le lieu de l'émigration, tout est là : un

Allemand, un Italien, un Roumain, un Ruthène, n'importe qui, même un Botocudo fixé chez nous est cent fois plus nôtre, de par sa descendance immanquablement française, que cent des nôtres qui vont à l'étranger, de par leur descendance immanquablement non française, et même, il se peut, anti-française : témoins les arrière-petits-fils des proscrits de la religion réformée et leur haine sauvage du nom français : on se souvient qu'un grand savant allemand Dubois-Reymond s'excusa publiquement dans sa chaire même, du malheur et de la honte de son origine « Welcke ».

Prenons donc le contrepied de la doctrine des faux docteurs.

Les forces vives nous manquent trop pour que nous les dispersions au hasard.

Autant qu'il dépendra de nous, que tous nos colons aillent à nos colonies.

Le siècle dernier a été celui des grands transports de peuple : à l'intérieur des vieux États civilisés, les villes ont doublé, triplé, quadruplé, parfois décuplé le nombre de leurs citadins au détriment des campagnes.

En même temps, des millions d'hommes fournis par ces mêmes campagnes et, à un moindre degré, par les petites villes, sont partis pour les pays étrangers. On ne s'est pas dit seulement : « Allons faire fortune à Paris, à Londres, à Berlin, à Lyon, à Marseille, à Hambourg », mais aussi : « Allons n'importe où dans le Nouveau Monde. Si tout conscrit a dans sa giberne le bâton de maréchal de France, tout homme avisé — ce serait plutôt tout homme né coiffé — peut bien devenir un superbe oncle d'Amérique. »

La France, moins féconde, donc moins débordante, s'est beaucoup moins vidée que les autres pays d'Europe au bénéfice des contrées étrangères.

Il n'y en a pas moins dans la seule Belgique près de 50.000 Français ; nos nationaux sont répandus par dizaines de mille en Espagne, en Italie, en Angleterre ; des centaines de milliers sont allés aux Etats-Unis, et plus encore en l'Amérique du Sud, surtout dans l'Argentine.

Quel surcroît de force pour la France si

ces émigrés d'outre-terre et d'outre-mer avaient pris le chemin de la France extérieure ! Mais, à vrai dire, il n'y a de France extérieure que depuis quarante ou cinquante ans. Les guerres du dix-huitième siècle et celles du premier empire ne nous avaient laissé que des îlettes et des îlots, des comptoirs, quelques rives malsaines, et l'Algérie ne fut pleinement conquise qu'en 1857 par la main-mise sur la Kabylie du Djurjura.

Nous ne pouvions caser personne, ou presque personne sur nos terres ultramarines, puisque nous n'avions pas d'outremer, ou presque.

Il y avait bien quelque part sous le soleil une France d'au-delà l'Océan, une précieuse, belle et bonne France, qui n'était plus à nous, et qui était pourtant nôtre, le Canada. Ces centaines de milliers d'émigrants, absolument perdus pour nous, en auraient doublé la grandeur. Mais, grâce à notre science bien informée, à la compréhension parfaite de nos intérêts, à notre patriotisme ombrageux, au « monstrueux » chauvinisme dont le monde entier essaie de nous faire honte, nous ignorions parfaitement que les Français du Saint-Laurent existaient encore, qu'ils n'avaient pas été ramonés par la raclette indubitablement supérieure qui est, comme on sait, la raclette anglo-saxonne, et que le tombereau non moins anglo-saxon ne les avait pas apportés au cimetière des nations oubliées, avec ou sans pierre d'épitaphe sur leur tertre, si déjà la fosse n'était pas aplanie. Nos livres ne s'en doutaient pas, nos historiens « nationaux » se taisaient, nul de nos politiciens n'en était instruit, nos gouvernants n'en savaient rien; s'ils avaient tout su, ils en auraient profité pour ne rien faire ; et quand ils l'ont su, le cas les a laissés parfaitement indifférents.

Puis, quand nous eûmes à nous, bien à nous, un beau domaine, « la consigne fut de ronfler ». On ne se préoccupa point de l'Algérie, ou l'on s'en occupa d'abord pour la transformer de colonie française en royaume arabe. Du moment que nos meilleures colonies se nommaient Buenos-Aires et San-Francisco, il était juste, il était bon de détourner notre jeunesse vers les bienheureux pays d'Amérique. La France se couvrit d'agences d'émigration, surtout dans le Sud-Ouest, principalement vers l'Argentine! mais l'État français n'en crée pas une seule pour l'Algérie. Qui sait même s'il l'eût tolérée? A ce degré l'inertie frise la trahison.

Depuis la chute du visionnaire qui protégeait les Latins en Amérique et les Arabes en Algérie, les Français comprennent mieux leur devoir.

Nous avons renoncé à la politique coloniale fondée, tantôt sur la parfaite indifférence en fait dé colons et de colonies, tantôt sur l'hostilité déclarée contre les Français qui se permettaient de troubler la somnolence des fonctionnaires.

Nous avons compris que l'Afrique du Nord n'est ni royaume arabe, ni camp militaire, jardin de graines d'épinard, ni dortoir de « fils à papa », ni dépotoir de bureaucrates. C'est la France, tout simplement, et l'on n'essaie plus de la rendre odieuse aux métropolitains; on la leur propose au contraire comme nouvelle patrie.

XXXI

APPELONS LES ESPAGNOLS ET LES ITALIENS A NOTRE AIDE

Pour l'instant, la terre apte à l'Européen, les sols où il brave la chaleur du jour, où il ne craint ni l'ennemi tellurique, ni les poisons de l'air, où il s'agite normalement, s'ébaudit et s'accroît, se borne à l'Algérie, à la Tunisie, tout prochainement au Maroc, et peut-être à quelques plateaux secs, balayés du vent, étalés assez haut dans le ciel pour que la nuit fraîche y repose du jour ultra-chaud et la saison claire des épuisements de l'hivernage.

Par suite du peu d'étendue de l'Atlantide, encore plus du petit nombre de milliers d'hectares qu'on y peut soustraire tous les ans de l'indivision arabe, acquérir des propriétaires, enlever à la soi-disant forêt quand elle n'est qu'une misérable brousse inutile à la naissance, à la protection des fontaines, c'est assez de quelques centaines de familles tous les automnes pour notre prise de possession de la montagne des Numides et des Maures jusqu'à la frontière ardente des Gétules. Et par delà le Désert, ce n'est pas le jour de coloniser : il ne s'agit encore que de parcourir, de dévisager sérieusement, d'organiser rudimentairement, de maintenir en paix et en prospérité pour que l'indigène se relève des misères inouïes qui l'ont presque extirpé du sol natal. Traite des Nègres, chasse à l'homme, naissance et mort d'empires sortis de l'ébullition du sang, nulle part le couteau des conquérants n'a coupé plus de têtes que pour les stupides ossuaires de l'Afrique.

Mais quand il faudra des pionniers, des colons, des éducateurs à foison, nous en aurons autant qu'il nécessitera, d'abord du fait des Néo-Français d'Afrique, autrement féconds que ceux de France, puis par l'heureux concours des Méditerranéens de langue latine.

On ne saurait trop le dire et le redire : la France d'Afrique puisera dans un réservoir deux fois et demi plus vaste et presque infiniment plus inépuisable que la seule France. Par toute la force des choses, par l'extrême proximité des rivages, par l'identité des climats, l'Andalousie, le royaume de Valence, les Baléares, le Napolitain, la Sardaigne, la Sicile, Malte, font partie du même monde que l'Atlantide.

N'était l'armée métropolitaine dont tant de soldats se sont faits colons, n'étaient les fonctionnaires venus de France qui deviennent Africains par habitude, par nécessité, par choix, n'étaient les oisifs, les touristes, les hiverneurs qu'a séduits à jamais le soleil de Mauritanie, le nombre des Ibériens et Ausoniens qui ont le Tell pour seconde patrie dépasserait fort celui des Corses, des Provençaux, Languedociens, Roussillonnais,

Dauphinois, augmenté du reste des provinciaux, les Parisiens compris.

Les soixante-quatorze ans de cohabitation dans le pays des races brûlées, sous la même autorité, la même loi, la même langue, la même religion (presque tous ces hommes étant catholiques), la conformité d'esprit, les mêmes instincts obscurs (presque toute cette foule étant de civilisation romaine), ces causes réunies ont fait aussitôt, soit dès la première génération, soit dès la seconde, un seul peuple de ces Méditerranéens compliqués de Gascons, « d'Allobroges », de Comtois, de Lorrains, d'Alsaciens, de Suisses, de Parisiens, de Belges, d'Allemands.

L'énorme nation des Yankees débuta de même par des Anglais autour desquels s'établirent et parmi lesquels s'anglicisèrent, sous le joug de la langue maîtresse, des colons non pas méditerranéens, mais océaniques, de même religion non catholique, de même civilisation, d'idiomes fraternels. Anglais, Flamands, Allemands, Scandinaves créèrent un monde germanique, au lieu de latin, sous un climat congénial aux « Saxons », comme celui de l'Afrique Mineure l'est aux « Romains ». Seulement l'espace qui s'ouvrait devant les Anglais de la Nouvelle-Angleterre était « fabuleux », d'une mer à l'autre, derrière la courtine des monts littoraux ; tandis que devant les Français de la Nouvelle-France l'espace est présentement restreint par la faute du Sahara : il s'élargira plus tard, dès qu'il suffira de deux jours pour franchir le pays de la faim, de la soif, du silence, et des oasis de plus en plus multipliés.

Lorsque les deux tringles de fer parallèles auront réuni la « Numidie » au Soudan, par cela seul que les Néo-Français sont des Méditerranéens par l'origine ou le mélange, et des Africains par une, deux, trois, quatre générations, l'Atlantide deviendra tout naturellement la métropole de la contrée « où l'on guérit de la pauvreté ». D'elle plutôt que de la France partiront les pionniers, les éducateurs, et d'Espagne, d'Italie au moins autant, probablement plus que du sol gaulois, sortira la gent colonisatrice pour les

Soudans devenus colonisables. Nous avons dans les deux nobles presqu'îles néo-latines, la trapue, qui est l'Ibérie, et l'effilée, qui est l'Ausonie, cinquante à soixante millions de « soleilleux » plus aptes à l'Afrique centrale que nous autres, pauvres « hiverneux et brumeux », au nombre de quarante millions seulement, quarante-trois avec les Belges et les Suisses français.

N'ayons crainte ! Nous sommes « à la hauteur » de notre part d'Afrique, voire de l'Afrique tout entière, s'il le fallait, moins par notre seule force que par celle de Néo-Latins autres que nous. Ce serait l'éternel : *Sic vos non vobis* ! si ces braves gens n'étaient pas nos cousins ; plus que nos cousins, nos frères : non point par la race, puisqu'il n'y a pas de races, mais par la civilisation, fille de Rome, petite-fille d'Athènes, arrière-petite-fille de Thèbes-aux-Cent-Portes.

Ainsi, nous aurons perdu au dix-septième siècle le Canada, l'empire des neiges ; mais nous aurons gagné au dix-huitième l'Afrique, ivre de soleil.

XXXII

L'ISLAM

La France peut donc se rire des pessimistes.

Ils lui dénient la persévérance : elle l'a montrée, démontrée, redémontrée en Afrique, sauf défaillances qui ne vinrent pas de ses conquistadors, mais de ses politiciens, hommes de morte parole au lieu de vivante action.

Ils lui reprochent sa faiblesse : elle a déployé des forces ; ils lui opposent sa stérilité : elle répond par la fécondité des Espagnols, des Italiens et des Africains français.

Ils lui disent : « Au nom du ciel ! N'apprenez pas votre langue aux peuples de l'Empire; vous les déracineriez de leur passé, de leur présent, de leur véritable avenir! » Et déjà le bey de Tunis répond en excellent français à une harangue française, et desprincipicules hasardent officiellement, dans les palabres soudanais, guinéens, congolais, un sabir franco-nègre où l'infinitif est roi.

Quand le bey de Tunis exprime sa reconnaissance à la France, il se peut qu'il parle en sincérité, mais aussi, qu'à son insu peut-être, il voile quelques pensées de derrière la tête : ce prince obéit à la loi de Mahomet, et cette loi, telle que l'interprètent aujourd'hui les docteurs de l'Islam, ou du moins telle que la comprennent les simples fidèles, dresse en inimitié les musulmans contre les chrétiens.

La « résignation » (à la volonté d'Allah) — c'est ce que signifie le mot d'Islam — ne s'accorde pas avec la philosophie, la science des Occidentaux; ni la sagesse des Orientaux, des Maugrabins, leur apathie et leur « vide », avec notre impétueux : En avant!

Elle ne comprend pas nos ardeurs à nier, à détruire, à transformer, à créer.

Or, l'Islam gagne incessamment en Afrique ; il assouplit de plus en plus le Soudan, il s'avance de jour en jour vers le Congo ; il empiète sur les fétichistes partout où il les rencontre; nulle part il ne recule ; pour un prosélyte que fait le christianisme, soit catholique, soit protestant, il en fait, lui, des milliers ; chacun de ses nouveaux adhérents entre ainsi dans un monde théoriquement hostile au nôtre ; or, le pas est facile de la théorie à la pratique.

Nous sommes donc exposés à camper dans une Afrique ennemie, comme sous les tentes d'une caravane guerrière, au lieu de demeurer en paix chez nous, en une nouvelle et décuple patrie, dans une foule sympathique de francisés ou de francisables de plus en plus mêlés de sang français, néo-français ou néo-latin.

Voilà le grand danger de notre Afrique, si par hasard nous ou nos descendants nous avons la prétention d'appliquer à l'Empire les formules d'étroite imbécillité qui ont fait tant de mal à la France : « L'Afrique sera chrétienne (ou catholique ou protestante) ou ne sera pas ! » « l'Islam, voilà l'ennemi ! » « Une loi, une Foi ! » « L'unité ou la Mort ! » « Celui qui n'est pas avec moi est contre moi ! »

Combien plus juste, plus sage, de laisser nos peuples à leurs idées, à leurs erreurs, comme nous aux nôtres, en attendant du temps que ces erreurs, ces idées, ces philosophies descendent au royaume des Vieilles Lunes.

L'islam durera ce qu'il peut durer; et plus encore si l'on entreprend de le combattre.

« Paix sur la terre, et bonne volonté parmi les hommes », a dit Jésus-Christ.

« Laissez faire, laissez passer ! » disent les économistes.

Ne rien brusquer; la patience, la bienveillance; compter sur le temps pour user la pierre dure de l'islam, comme il en usa tant d'autres : voilà le devoir, qui se trouve être aussi l'intérêt.

En Afrique, la poussée coloniale ajoute

deux autres grands éléments à notre division classique en catholiques, protestants et juifs; dorénavant il faut nous partager en chrétiens et juifs, mahométans et païens, avec supériorité gigantesque, en outre-Méditerranée, du fétichiste pour qui tout est Dieu et du musulman pour lequel il n'est qu'un Dieu, sur le chrétien qui reconnaît un Dieu unique en trois personnes.

Puisque, nous dit-on, nous sommes tous frères, et non plus seulement frères en Jésus, qu'on laisse les vrais croyants et les bons idolâtres à leur foi, mais en ouvrant à leur esprit, sans se presser aucunement, des percées dans l'ombre vers un horizon de plus de lumière.

Donnons-leur un peu de science, d'abord très peu, et de la plus rudimentaire; un peu d'art, des métiers; un minimum d'histoire; une idée très générale des contrées, des peuples, des civilisations et religions pour faire émigrer leur esprit du milieu local vers le milieu général. Traduire le Livre des Livres, dicté par l'ange Gabriel; le faire passer de son antique arabe dans la langue des dominateurs, directeurs et ordonnateurs, ainsi qu'on fit en Espagne pour les musulmans qui avaient oublié leur idiome sacré; ne rien réprimer que les appels à la « guerre sainte »; n'appréhender au corps que les marabouts faiseurs de miracles, parce que souvent en terre d'Islam le massacreur d'infidèles se dégage du thaumaturge; imposer la paix religieuse à l'égal de la paix politique — car la paix religieuse est pour une grande part la paix sociale — ainsi doublera-t-on, très à la longue sans doute, le cap de l'indifférence, plus mortel aux doctrines que le cap des Tempêtes aux navires : la lutte entretient la passion, elle avive la croyance, elle trempe le fanatisme, elle unit mille cœurs en un seul cœur; l'indifférence mène à l'oubli, et l'oubli, c'est la mort.

Dans le moment actuel, tout au matin du vingtième siècle, l'Islam, nous apprend-on, est plus bienfaisant que le Christianisme pour les peuples de l'Afrique Majeure en ce qu'il proscrit les liqueurs fermentées : peu de musulmans désobéissent à la loi sacrée qui leur interdit les poisons européens, aussi mortels à la longue que le suc vénéneux dont les sauvages mouillent la pointe de leurs flèches. Tous ceux qui ont parcouru les contrées de l'Afrique intérieure sont unanimes là-dessus : on reconnaît dès la première minute si l'on vient d'entrer dans un village de Païens ou dans un village de Vrais Croyants : chez ceux-ci, l'homme digne en attitude, réservé en paroles; chez ceux-là, l'ivrogne avec sa bouteille de rhum, d'absinthe, de n'importe quel tord-boyaux et brise-conscience acheté du traitant chrétien, bon catholique, sévère protestant, libre-penseur débarrassé des préjugés du vulgaire.

Va donc, présentement, pour l'Islamisme, puisqu'il garde ses disciples des fureurs épileptiques, du *delirium tremens*, de l'hébétude, et finalement du gagaïsme !

Tout se réduit à ne pas tirer durement sur le mors, à ne pas ensanglanter la cravache, à supposer qu'il soit juste, qu'il soit digne et sensé de traiter nos Soudaniens, Congolais et autres comme des chevaux condamnés aux cinglades.

Des amis, s'il se peut, et non pas des esclaves ! Et puis, « Patience et longueur de temps font plus que force ni que rage ».

Étant donnée la brisure de tout ce qui fut dur, raide et solide, le fléchissement de tout ce qui tint droit, la mort de tout ce qui fut vivant, il n'y a pas la moindre outrecuidance à charger les siècles de la caducité, puis de la mort de l'Islam. Encore n'y faudra-t-il peut-être pas des centaines d'années.

Le *La illah Allah ou Mohammed rçoul Allah* ! qui consacre tous les actes, tous les écrits et documents, toutes les dates et, si souvent, les paroles du Moslem, finira, lui aussi, par n'être qu'un marmottage comme le latin de la Vulgate pour tant de paroissiens et de paroissiennes ; puis ce marmottage n'entr'ouvrira plus de lèvres.

Le passé prédit l'avenir. Les lois, ou plutôt la loi qui régit le monde ne peut pas ne pas être immuable ; les causes, ou plutôt la cause ne change pas ; les effets non plus : donc les évolutions de demain se conformeront exactement à celles d'hier.

L'histoire des religions dans le futur reproduira tout juste celle de l'antan ; les dogmes d'aujourd'hui, l'Islam compris, mourront comme sont mortes ou meurent sous nos yeux des doctrines fécondées, comme on dit, par le sang des martyrs et qui se sentaient si vivantes qu'elles ne doutaient pas de vaincre le temps lui-même.

Lentement d'abord, imperceptiblement, invisiblement, sans cataclysme et non tout à coup comme par une explosion qui chasse effroyablement, puis renouvelle et revivifie l'air, se démolit l'ancienne ordonnance des choses ; sur les ruines de ce qui fut, une Loi nouvelle bâtit un nouveau Cosmos, en s'écriant avec orgueil : désormais je commande aux siècles !

L'édifice à peine bâti, qui devait monter jusqu'aux cieux comme Babel, on voit qu'on l'a construit sur le sable ; bientôt il perd la verticale : c'est la Tour penchée de Pise ; mais on l'a cimentée, croit-on, d'un tel ciment que l'édifice tiendra jusqu'à la fin des siècles. Un jour, la fissure se montre, à peine une raie dans le mur ; ensuite, lézarde béante, descellement, chute des pierres. Les ravaudeurs, rapetasseurs, restaurateurs et consolidateurs, qui sont ici les docteurs, novateurs, épurateurs et commentateurs, soutiennent le monument en même temps qu'ils l'ébranlent, comme le lierre fait des vieilles tours; enfin, de l'orgueilleuse forteresse il ne reste plus qu'un monticule de décombres, et rien de rien, un souvenir d'histoire, une légende, ou même l'oubli sombre et voilé.

Les Romains n'avaient point tort quand, devant les Dieux à eux inconnus qu'ils rencontraient dans les pays de nouvelle conquête, ils s'écriaient : « Autant ceux-ci que les nôtres ! » Et ils leur ouvraient à deux battants le Panthéon. Ainsi préservèrent-ils leur grand empire de la peste des guerres de religion ; ils ne connurent le fanatisme qu'après s'être heurtés aux chrétiens dont le Dieu n'acceptait pas de partage.

Imitons les Romains d'avant les persécutions religieuses ; adoptons Mahomet, voire les fétiches des idolâtres, et laissons au puissant des puissants, à Saturne, le soin de la religion ou de l'irréligion de l'avenir.

Nous ne savons guère à quelle philosophie nous allons, mais il serait délicieux de s'y acheminer par la route du support de la tolérance, de la sainte fraternité — et cette route est celle de l'indifférence en matière de dogmes. S'il convient de ne pas contrarier la propagande musulmane, on ne voit pas bien quelle raison de justice ou d'intérêt s'opposerait à la propagande chrétienne; celle-ci a ses droits comme les autres.

Mais il faut bien se garder, comme du choléra, de laisser le champ libre aux missionnaires anglicans, méthodistes, wesleyens, luthériens; qu'ils viennent d'Angleterre, d'Écosse, de Scandinavie, de Hollande, d'Allemagne ou des États-Unis.

Tout apôtre de ce protestantisme-là se développe trop souvent en contempteur, en calomniateur, en ennemi de la France.

Les missionnaires catholiques, même allemands ou anglais, nous sont infiniment moins hostiles : ils marmottent du latin aux heures de bréviaire, ils ont des sympathies pour la civilisation latine et pour Rome, la mère des peuples romains.

XXXIII

LES TRANSSAHARIENS

Il n'est pas facile de concevoir un empire dont l'Islam serait exclu, proscrit, ou même où il serait seulement méprisé, et qu'alors les Berbères, les Arabes, les Soudanais, les Musulmans ne consentiraient pas à soutenir avec nous, Néo-Latins, sur leurs robustes épaules; il est tout aussi malaisé d'admettre que, cet empire une fois constitué, nous le conserverons tel quel en ses trois tronçons, si nous laissons ces tronçons à la débandade, au lieu de les souder par un transsaharien, voire par des transsahariens.

Œuvre impossible ! disent ceux même

qui nous vantent la merveille du transcaspien que les Russes ont tracé, sans tant réfléchir et vu l'urgence, à travers les plus affreux déserts de solitude, de sécheresse, de soif, de vide, dans l'ouest et le midi du terrible Kara Koum ou Noir Sable.

De la rive de notre Atlantide, de l'Afrique méditerranéennement sèche à la tropicalement pluvieuse, les lignes de fer n'auront que 1.500 à 1.800 kilomètres à franchir dans le très redoutable désert ; elles relieront l'Europe occidentale à la zone humidement chaude la plus rapprochée et ne manqueront pas de devenir aussitôt comme des fleuves de vie entre des rives de mort. Le coude du Niger est deux à trois fois plus voisin de la rive d'Alger, d'Oran, que ce rivage, qui est pour ainsi dire l'Europe, ne l'est des Antilles ou de l'Amérique du Sud ; il en va de même pour le Tchad et le littoral méridional de la Tunisie.

Évidemment, ces fleuves de vie ne féconderont pas leurs deux bords, ou très peu, mais ils rouleront dans les deux sens, comme des estuaires à marée, entre deux mondes différents se complétant l'un l'autre, entre deux climats contraires, entre deux humanités dont la plus fière a besoin de la plus humble autant que la plus humble a besoin de la plus fière.

C'est une bien rare ambition, et comme qui dirait une frivole forfanterie, que de réclamer des transsibériens quand de très grands savants, des économistes huppés, des politiciens hors ligne, bref, presque toutes les fortes têtes du pays des Gaules haussent dérisoirement les épaules à l'idée qu'on se hasarderait à en entreprendre un seul. On dirait vraiment que l'audace de ce projet confond la raison humaine.

En quoi donc heurte-t-il le sens de la possibilité ?

Par sa longueur ? Mais il n'y a, suivant la droite ligne, que 1.700 kilomètres entre Figuig, jusqu'où va notre chemin de fer d'Oranie, et le Niger de Tombouctou-Tosaye; pas plus de 2.400 entre Biskra, terme d'un chemin de fer constantinois, jusqu'à la rive septentrionale du Tchad. Ce n'est rien à côté du transsibérien et des lignes américaines unissant l'Atlantique au Pacifique par-dessus le dos hérissé des Rocheuses.

Par les impossibilités qu'oppose à sa construction une malveillance spéciale de la nature, par le relief du sol, les roches infranchissables, les fleuves de profondeur noire, les marais, les sables ? Mais aucune impossibilité ne contrecarre le transsaharien, ni montagnes glacées, ni rivières énormes, pas même des ruisseaux ; pas la moindre lagune, point de palus, et l'on arrête aisément le sable avec des parasables, comme la neige avec des paraneiges.

Par les Pélion sur Ossa d'or qu'il coûterait ? Mais, justement il sera des moins onéreux : ni ponts, ni tunnels, ni travaux d'art quelconques; très peu de gares, point d'enclôtures, pas de traversées de ville, pas de passages à niveau à des croisements de routes, puisque les Sahariens n'ont jamais su ce que c'est qu'une route ; pas le moindre édifice luxueux « pour épater les populations »; rien qu'un peu de pierre, du bois et beaucoup de fer, un train par semaine, ou moins, ou plus, dans les deux sens.

Le manque de chemineaux? Mais on trouve toujours des miséreux pour brouetter des terres, des pierres, des sables, percer des trous de barre à mine, faire sauter un pan de roche à la dynamite, assujettir des travées et poser des rails dessus ; les constructeurs ne seront pas en peine ; ils pourront choisir parmi les Sahariens eux-mêmes, les Touaregs, les Berbères, les Marocains, les Soudaniens ; jusqu'à des Italiens, si l'on en veut : cette race extraordinaire ne travailla-t-elle pas en même temps au chemin de fer de Dakar à Saint-Louis, dans l'ardeur horrible, et au Transcontinental canadien, dans le froid terrible ? Jamais l'ouvrier ne manque à l'ouvrage, pas plus que le pêcheur à la pêche, le chasseur à la chasse, et le mineur à la mine, surtout quand la mine est d'or ; or, quelques sous c'est de l'or en barre pour les fils de la plus dévorante Afrique.

Que de chemins de fer « électoraux » aux trois quarts inutiles n'a-t-on pas tracés en France moyennant un prix kilométrique bien supérieur à ce qu'exigera le kilomètre saharien ! Le bruit a même couru, dans le temps, d'une ligne construite à grands frais, en raison de l'altitude du col de l'aigueverse, entre deux villes dont l'intercourse n'avait pu faire vivre la diligence des jours de marché : simpleplaisanterie, sans doute, mais la vérité se cache souvent sous la gasconnade.

« Voilà votre chemin de fer; je vous l'offre, tout chaud, tout bouillant, dit le pessimiste ! Où sont vos voyageurs et vos marchandises ? »

« Les voilà », répond l'optimiste, qui est le plus sage des deux. Comment donc manqueraient-ils et manqueraient-elles à la voie qui ira de l'Europe la plus riche, la plus entreprenante, la plus peuplée à la région tropicale la plus proche ; et réciproquement, du tropique le plus immédiat aux lieux tempérés ou septentrionaux les plus civilisés de l'orbe des terres, et pour ne pas sortir de l'utilité française, au chemin de fer qui relierala métropole à sa colonie la plus chère, la vieille Gaule à l'adolescente Nigritie ?

D'ailleurs, quoi qu'il coûte, et quelque peu qu'il rapporte, il nous le faut : c'est l'*instrumentum regni* par excellence.

XXXIV

MADAGASCAR

L'île de Madagascar l'emporterait sur toute autre terre insulaire si la Nouvelle-Guinée n'avait 78.900.000 hectares, et Bornéo près de 75 millions, alors que le pays des Hovas et des Sakalaves n'en a que 59 millions, soit assez exactement la France augmentée d'un tout petit peu moins que deux fois la Belgique.

Elle est séparée de notre bloc africain par une distance de 3.000 kilomètres, de nord-ouest en sud-est, à travers des plateaux belges, anglais, allemands; et, seconde infortune, elle s'élève du sein de l'Océan qui nous est le plus interdit, le Pacifique, dont il apparaît qu'il doit obéir aux trois peuples éminemment mondiaux : aux Russes en Asie, aux Yankees en Amérique, aux Anglais dans les régions méridionales, où déjà les Australiens montrent beaucoup d'outrecuidance.

Par bonheur, des fortunes contrecarrent ces infortunes.

Entres ses deux mers, Océan des Indes à l'orient, canal de Mozambique à l'occident, (en séparation avec la côte d'Afrique, Madagascar développe des plateaux de haute altitude immédiatement abordables aux gens d'origine blanche. Vingt millions d'hectares au moins y coûteront peu de souffrances d'acclimatation, peu de morts aux immigrants de la métropole et, comme en Tunisie, la colonie croîtra d'elle-même dès la première génération — à la différence de l'Algérie, si longtemps malheureuse, où les naissances n'ont dépassé les décès qu'au bout d'une trentaine d'années, et encore grâce au mélange du sang d'Espagne et d'Italie au sang de la vieille France.

A défaut de Français, nous la coloniserions encore du fait de l'île Bourbon et de l'île Maurice, toutes deux d'idiome roman, bien que la plus peuplée des deux relève de l'Angleterre.

A moins de deux cents lieues à l'est de la « Grande Terre », Bourbon est demeurée nôtre ; bloc volcanique autour du Piton des Neiges, et certainement un des pays splendides du Globe, elle n'entretient pas tout à fait 200.000 insulaires.

A 185 kilomètres au nord-ouest de Bourbon, Maurice est encore plus menue, moins superbe et pourtant magnifique : toutes dépendances comprises, elle supporte plus de 400.000 personnes.

Soit, en tout, 600.000 hommes parmi lesquels quelques dizaines de milliers de Blancs seulement ; tout ce monde, ou presque, n'a d'autre langue que le français, sous sa forme littéraire, ou sous celle du créole, dialecte où le Nègre a mis beaucoup de son âme simple, enfantine ; il en a adouci les consonnes et supprimé presque toute flexion, toute syntaxe ; de la langue de l'Ile-de-France il a fait un parler doux, puéril, harmonieux, zézayant où le *r* ne se prononce pas plus qu'antan chez les Incroyables du Directoire. Il n'en est pas autrement dans les divers patois créoles français, aux Antilles, à Haïti, en Guyane, en Louisiane.

A Maurice, à Bourbon, le créole n'est pas le parler des seuls Noirs ; presque tous les Blancs en usent, ayant eu des Négresses pour nourrices ; on s'en sert un peu comme d'un sabir commun ; coulis « innombrables » importés de l'Inde par les planteurs, Chinois, Malgaches, immigrés de la côte d'Afrique en usent à l'envi.

Si près de la Grande Ile, qui est leur continent, celle-ci ne peut manquer d'attirer Mauriciens et Bourbonnais depuis qu'elle appartient officiellement à la langue française. Ils s'y trouvent comme chez eux, et déjà ils entrent pour notable part dans le nombre des colons établis à Tananarive, à Tamatave, à Majunga, un peu partout, sur le littoral tropical et à 500, 1.000, 1.200, 1.500 mètres au-dessus des mers, dans la zone dont l'altitude fait une région tempérée.

Nul doute que les deux îles sœurs ne soient de force à franciser, à elles seules, Madagascar ; en tout cas, à lui fournir abondance de planteurs, directeurs, régisseurs, contremaîtres, dans la région dangereuse aux Français de France, le long des terres noyées, torrides, étouffantes et fiévreuses du double rivage.

Troisième et rare avantage : le peuple dominant, celui sur lequel on a conquis Madagascar, la race qui vit au plus élevé des plateaux, autour de la capitale Tananarive, les Hovas, ont une intelligence très vive, un grand sens pratique, une ambition très éveillée, la soif d'apprendre, moins pour savoir que pour utiliser le savoir, et l'on peut espérer que leurs métis, déjà nombreux, pourront nous faire honneur.

On les a mis et ils se sont mis volontiers à l'étude du français : à ce degré que cette « France Orientale » est certainement le lieu du monde où notre langue a relativement gagné le plus d'adhérents dans les dernières années.

Avant bien longtemps toute la jeunesse et la « virilité » de Madagascar en auront fait l'acquisition. L' « Académie malgache » qu'on vient d'y fonder s'occupera beaucoup moins de la langue des Hovas et Sakalaves, que de ses contes, légendes, chansons et dictons, par la raison que cet idiome est décrété de mort prompte, de par son infériorité politique, sociale, scientifique et littéraire. C'est ici qu'on verra si vraiment les peuples auxquels on enlève leur langue ancestrale sont par cela même condamnés à la stérilité d'esprit.

Quand même l'Académie malgache dépasserait son but, en outrant son devoir malgache à l'encontre de son devoir français, elle ne réussirait pas à sauver de la mort le parler très harmonieusement et gentiment sonnant des Hovas, parce que jamais encore on n'a vu le goujon manger la baleine.

Le pot de terre ne peut durer que s'il ne se heurte pas à son redoutable frère ; or, ici tous deux sont face à face, s'entrechoquent à tout instant, en tout lieu. Viendra forcément le jour où les deux idiomes se rebifferont l'un contre l'autre, ou, pour mieux dire, la minute où les gens de la Grande Ile devront choisir entre l'ancien verbe et la parole importée. Et l'Académie malgache, alors même qu'elle écrirait sur son drapeau la fière devise : « Je maintiendrai ! » en lettres aussi lumineuses que le soleil, ne maintiendra rien parce qu'elle ne pourra maintenir.

Ce sera du félibrige, et les félibriges ont le malheur d'arriver trop tard, comme le sérum qui galvanise les dernières heures du mourant. Qu'importent alors les majorals ou majoraux, les capouliés et même les reines de beauté ? Ce qui s'accomplit, s'accomplit; *lo que ha de ser no puede faltar*, ce qui doit être ne peut manquer; or, ce qui ne peut manquer, c'est la mort du plus faible. Lutter contre l'inéluctable, c'est remonter le Niagara, assis deux cents sur un brin de paille !

En supposant, contre toutes probabilités, et presque contre toute raison, que la paix succède pour toujours à la guerre, la bienveillance entre peuples à l'inimitié de tous contre un, d'un contre tous et, comme on dit, le soc à l'épée; alors, si par hasard l'Indo-Chine a pour destin de rester française, Madagascar, surgissant de la même mer que la superbement belle péninsule, en deviendra, pour ainsi parler, la seconde métropole.

Elle est plus près que la France des bouches du Mékong; ses Français et ses francisés seront, sinon des Orientaux, au moins Orientaux à demi par le climat et les origines ; ils auront plus d'affinité que les gens « du vieux pays » avec le peuple asiatique de sang, européen de langue, qui boira le soleil sur la rive annamite.

Espoir sans doute chimérique ; sur ce rivage indo-chinois bordant la vague intermédiaire entre l'Inde, la Chine et les Grandes îles fleuries, la France ne triomphera point d'un milieu si désespérément contraire.

Mais Madagascar peut nous consoler d'avoir manqué dans ce même océan la Nouvelle-Zélande, au temps du roi constitutionnel Louis-Philippe Ier.

XXXV

LES FRANCES PERDUES

Asie probablement passagère, Afrique certainement durable, est-ce là toute la France ?

Non !

De tout ce qui fut nôtre au temps de la première expansion, tout n'est pas absolument perdu pour nous.

Ainsi que Maurice contribue par ses familles restées françaises, par ses Noirs, même ses Indiens de patois créole, à nous implanter en terre de Madagascar, ainsi des Antilles qui furent françaises, à côté de celles qui le sont, pourront nous aider en Afrique

— car de l'Amérique du Sud il n'est plus question depuis l'arbitrage qui nous a si durement victimés au nord des Amazones.

A l'époque où l'Espagne, l'Angleterre, la France dépensaient plus d'énergie pour la conquête, la colonisation des Antilles, petit microcosme, que pour le reste du Cosmos, nous marquâmes fortement de notre empreinte ces admirables jardins de la mer, en même temps que par delà la Méditerranée américaine, nous prenions possession des lacs, des bayous, des cyprières du très superbe Mississipi, de la Louisiane qui, d'immensité en immensité, nous menait aux Grands Lacs et au Saint-Laurent, suscité par mille torrents d'entre les sapinières.

C'était la Scandinavie, la Lombardie et l'Egypte : au nord, le pin, le sapin, le cèdre et l'érable sur les gneiss et les granits ; au centre, les plaines sans bornes où les grandes rivières ondulent, où les grandes moissons lèvent, où les millions d'hommes germent ; au midi les coulées, les mares, les boues tièdes des fleuves qui gagnent incessamment sur la mer chaude.

Tout cela c'était le Grand Empire : à la fois les États-Unis et le Canada, l'Ouest, le Nord-Ouest et les Rocheuses, la savane et la prairie, la forêt jusqu'à mille kilomètres du Pôle.

Honte à qui la mérita quand vint le jour où le sort hésita pour la dévolution du monde ! La terre sera-t-elle au Celte qui parle une langue très claire, un latin moderne, ou au Saxon, plus celte que germain, baragouinant une langue très concise qui prend des mots au petit bonheur dans tous les idiomes de l'univers ? Appartiendra-t-elle au Français aimable ou à l'Anglais grincheux, au sociable ou à l'insociable, à ceux qui ne se croient pas supérieurs à l'humanité ou à ceux qui ne connaissent qu'un seul peuple, le leur, comme représentant le *genus homo*, à ceux qui disent : Vive l'honneur ! ou à ceux qui disent : Vive l'argent !

Comme toujours le généreux, l'étourdi, l'ami de la gloire qui l'est aussi beaucoup de la gloriole fut vaincu par l'égoïste, le flegmatique, le sédentaire pourrait-on presque dire, l'homme qui reste sous ses pommiers à cidre, sous sa vigne, ses oliviers, s'effaça devant le nomade qui fuit au loin pour courir après la fortune que le casanier attend dans son lit.

Comme de juste, la ruine du grand empire français vint de la caste des détenteurs et distributeurs de la force, des *potentissimi*, des *honoratissimi* et autres *issimi*, des dirigeants, intellectuels sans discernement, savants n'ayant que leur pauvre science et pas un brin d'intellect, ministres, grands seigneurs, favoris au jour le jour, grandes dames, courtisans, toute la calamiteuse engeance des « danseurs » à la place des « calculateurs », tourbe de ceux qui commandent, valets eux-mêmes, à une valetaille.

Ce monde vaniteux, ricaneur, futile, incohérent, stupide, commençait à Voltaire, à Mme de Pompadour et finissait à n'importe qui.

Quand la perte de Québec renversa l'avenir que la prise d'Alger redressa soixante et onze ans après, dans un autre et sans doute bien moins valable continent, les hurluberlus de 1759 s'en amusèrent énormément ; on nous avait désennuyés de « quelques arpents de neige ».

De même les hurluberlus de 1898 se sont félicités quand la délicieuse politesse des Anglais a bien voulu nous débarrasser, à Fachoda, de « quelques arpents de marais », le long d'un fleuve assez ridicule pour n'avoir d'autres sirènes que les crocodiles.

Encore ceux qui battirent des mains au désastre du Saint-Laurent furent-ils plus excusables que ceux qui se sont consolés si facilement du désastre du Nil.

Ils ne savaient pas : on ne se doutait guère alors du néant de la politique continentale ; par ignorance pure, non par bêtise innée, on se souciait plus du Hainaut, du Palatinat, de la citadelle de Pignerol que de toute la savane d'Amérique ; le Rhin, né soi-disant du Mont Adule entre mille roseaux, était pour nos pères le plus magnifique des fleuves du monde.

Aujourd'hui, nous savons et nous devrions comprendre.

XXXVI

LE CANADA TROMPE NOTRE ESPOIR

Les arpents de frimas du Saint-Laurent étaient la bonne terre où le grain rapporte cinquante, soixante, cent fois la semence.

Les 70.000 Français cédés à l'Angleterre, il y a cent quarante ans et, comme on s'y pouvait attendre, abandonnés par la plupart de leurs chefs naturels, sont devenus, par la force de leur sève, la rusticité de leur vie, la simplicité de leurs désirs, un peuple de près de trois millions de paysans parlant français.

Trois millions ! Non ; c'est trop dire : pour leur éternel malheur, ces bonnes gens du Canada français se ruent par dix mille chaque année, et quelquefois plus, sur la route de la double déchéance, comme hommes et comme nation.

En tant qu'hommes, ils passent de la maison rustique où le vent balance l'ombre des sapins devant le lac qui dort ou le torrent qui veille, à la promiscuité de l'usine assourdissante accrochée par les Yankees de la Nouvelle Angleterre au rocher d'une cascade asservie ; ils communiaient avec la nature, ils écoutent le grincement des machines ; ils parlaient le bon français, ils écorchent l'anglais, de gré, de force ; ils étaient libres, ils sont serfs ; quelques-uns, devenus contremaîtres ou maîtres, entrent avec gloriole dans la classe dite supérieure, mais presque tous se perdent dans la cohue des inférieurs, et peu à peu disparaissent les îlots français que les Canadiens dressaient dans l'océan saxon.

Il y a bien un million de ces malheureux transfuges à la veille d'être submergés par les Yankees ; pas tous des ouvriers, car des centaines de milliers ont pris des terres, au près, au loin, au très loin, jusqu'en Californie, jusqu'au Texas, dans toutes les régions des Etats-Unis. Mais tous sont également perdus pour la France d'Amérique, parce que dix fois cent mille hommes pauvres, fussent-ils massés en bataillon carré, ne peuvent résister longtemps quand ils sont pressés par quatre-vingts millions d'hommes riches, en même temps qu'énergiques, avisés et prodigieusement dédaigneux de tout ce qui n'est pas eux, et eux seuls.

Jupiter pourrait foudroyer ceux qu'il veut détruire, il lui suffit de les affoler. Les Canadiens-Français ne sont certainement pas fous en tant qu'hommes ; au contraire, on leur reconnaît un ferme bon sens ; mais en tant que peuple ils ont perdu la tramontane; en tant que peuple veut dire ici : en tant que classe dirigeante, bourgeois, gens riches, lettrés, prêtres, politiciens.

Spectacle instructif qui fut toujours le même et restera tel jusqu'au jour du jugement dernier : à gauche, les méchants, les « grands » par qui les nations s'abaissent ;

à droite, les bons, les « petits » par qui les nations s'élèvent.

Ici, en Canada, les « petits » sont d'excellente nature, bien charpentés, bien portants, gais, expansifs, courageux, très durs à la peine ; paysans, bûcherons, canotiers, pêcheurs allant droit devant eux, sans hargne, sans vilenie, sans rancune, des va-de-bon-cœur, ainsi que se nomment plusieurs de leurs familles. Ils se disent bonnement : « Nous sommes l'heureux troupeau, nous avons d'excellents bergers, et comme on lit dans les Ecritures : « Leur bâton et leur houlette sont ceux qui nous consolent. »

Et voici, les bergers ne savent pas conduire le troupeau, faute de comprendre où le guider ; d'ailleurs, les routes sont périlleuses.

Ils n'ont vraiment aucune idée des dangers qui les menacent sur leur roc angulaire de l'Amérique du Nord. Ils se contentent de dire : « On ne nous tournera jamais par le Nord ! »

Sans doute, puisque c'est le demi-pôle, puis le pôle, et aussi les granits vifs dont pas un émigrant ne veut. Encore êtes-vous bien sûrs, leur a-t-on répondu, que des gens du Haut Nord, des hommes comme vous, des coutumiers du froid, des gneiss durs, des lacs, des rapides, des cascades, des « brûlés », des aciculaires, de hardis camarades venus du Nordland suédois, du Tromsö, de la Finlande, ne vous prendront pas ici même les roches auxquelles vous vous croyez tous les droits à jamais ? Au fait, qu'importe le septentrion mortel, en regard de ce midi plus mortel encore, où vous dépérissez déjà par centaines de mille, tandis que de l'est, de l'outre-mer, vous arrive tous les jours, par des navires chargés à couler, le peuple infiniment varié d'Anglais, d'Ecossais, d'Irlandais, d'Allemands, de Scandinaves, de Finlandais, de Polonais, de Galiciens, de Hongrois que l'Angleterre a chargés de vous dévorer ? Il ne vous restait que l'ouest par delà votre rivière des Outaouais ; et c'est cet occident que vous avez méprisé.

Pauvres fous que vous êtes ! Se peut-il qu'il y ait parmi vous, en grand nombre, des hommes assez insensés pour espérer que les quelques groupes de quelques dizaines de milliers de Canadiens-Français qui tournent la manivelle dans les usines de la Nouvelle Angleterre, soient un levain assez puissant pour catholiciser, peut-être même franciser les Etats-Unis ? Votre plus grand homme lui-même, votre apôtre, le curé génial, Labelle y croyait presque. N'a-t-il pas dit un jour : « Si nous gardons nos vertus pendant deux cents ans, nous conquerrons le Canada ; si pendant trois cents ans, l'Amérique du Nord ; si pendant cinq cents ans, tout le continent jusqu'au cap Horn ! » Ces *si* étaient de trop : un peuple ne garde pas indéfiniment ses vertus, il ne reste pas toujours jeune, et, suivant le proverbe : « Après la quarantaine, le cœur tombe dans la bedaine. »

On peut penser que ce grand Canadien croyait, comme on dit, sans y croire, à l'œuvre canadienne aux Etats-Unis et qu'il ne se résignait que malgré lui à la terrible saignée de son peuple ; car il a crié de sa plus belle voix qu'il voulait joindre la Rouge à la Rouge ; en d'autres termes moins lapidaires : coloniser par des Canadiens-Français l'immense région qui s'en va bien au delà des Grands Lacs, de la Rivière Rouge voisine de Montréal, à la Rivière Rouge de Winnipeg en Manitoba.

Il est mort, le père de son peuple, ses énergies avec lui, et les pauvres Franco-Canadiens s'en vont à tous vents sur la mer qui s'est promis de les engloutir.

On a dit avec justesse que le dernier coup de fusil tiré pour l'Angleterre dans l'Amérique du Nord le sera vraisemblablement par un Canadien-Français; mais on a dit aussi que non moins vraisemblablement la première balle tirée contre les Anglais dans cette même Amérique du Nord le sera par un Canadien-Français américanisé.

Ainsi menacés par le sud, d'où viendra sans doute l'orage d'ultime perdition, incessamment assiégés dans l'ouest par des armées que vomit l'est, c'est à-dire toute l'Europe, les Franco-Canadiens sont perdus pour nous — perdus dans le sens « mondial ».

Car, ce que nous attendions d'eux, ce n'était pas de se conserver pendant des siècles, ou toujours, dans leur province de Québec, leur ample « royaume du Saguenay » et leur Labrador, aujourd'hui nommé l'Oungava ; nous espérions les voir s'étendre au loin, à l'indéfini, sur l'Amérique froide, aux deux bords de la mer d'Hudson, jusqu'aux banquises polaires.

Ainsi seraient-ils devenus l'un des grands peuples du Nord, l'une des nations indomptables, indomptées, essaimantes, aggressives : pour tout dire, une *officina gentium* au service de la France et non de l'Angleterre.

Alors, Scandinaves à part, il n'y aurait eu dans le monde, sous l'Ourse, que deux grandes races septentrionales : le Russe et nous.

Cela eût valu l'éternelle durée, autant qu'il y a de l'éternel dans le clapotement des choses.

Il est bien déplorable de se voir ainsi privés d'un avenir qui put paraître certain, qui serait presque assuré dès aujourd'hui si le million d'hommes hasardé aux Etats-Unis habitait maintenant les rives du Winnipeg, des Saskatchaouanes de l'Athabaska, de la Rivière de la Paix !

XXXVII

MALGRÉ TOUT LE CANADA NOUS IMPORTE

Résignons-nous ! Si le Canada français est mort comme grand pays dominateur, comme empire maître de son continent, comme France trente fois plus grande que la France d'Europe, il vit encore, il vivra longtemps dans son coin, sinon même *ad æternum*, comme petit pays modeste, comme France double de la nôtre — triple ou quadruple avec son Labrador et ce qu'il aura gagné tout autour de lui, sur les Anglais qu'il refoule.

Deux, trois, quatre fois l'aire française; mais certainement ni quatre, ni trois, ni même deux fois nos quarante millions d'hommes ; et probablement pas autant, malgré l'énorme puissance de ses pouvoirs d'eau, source incalculables d'énergie.

Le pays du Saint-Laurent, du Saguenay, du Saint-Maurice, de l'Outaouais, de la Nottaway, du Rupert, de l'East Main, du Nipissing, de la Rivière des Français, ne peut se comparer, même de bien loin, à celui de Paris-Marseille, pour la bénignité du climat, la richesse du sol, l'agrément du séjour et les facilités de la vie.

Quand on croyait la région du pourtour méridional de la baie d'Hudson absolument inféconde à force de froid, comme une Laponie, un Groenland, une Toundra, lorsqu'on ne se doutait pas encore que la « houille blanche » évoquerait de grandes villes usinières autour d'elle, et loin d'elle par le transport des forces électriques, on fixait à six millions d'hommes seulement la nation dont le Canada français était capable.

Sur un espace double de celui qu'on pensait colonisable l'immense réserve industrielle de cascades sans nombre entrant en ligne de compte, on est en droit de lui en accorder quinze ou vingt millions, peut-être même vingt-cinq, trente ou plus. Qui vivra..., verra !

L'émigration en pays yankee ayant donc diminué d'un million le nombre efficient des Canadiens-Français, on en compte présentement 1.700.000 dans le Canada, dont près de 1.400.000 dans leur pays à eux, leur province de Québec, dite Canada français, par opposition au Canada anglais de la province d'Ontario.

Ce million et demi, qui tend à deux millions, ne craint rien du proche avenir : c'est seulement l'avenir très lointain qui le menace.

Nous sommes donc en droit de regarder nos Canadiens comme des Français d'Amérique, desquels peut et doit s'aider la France d'Europe et d'Afrique.

Les Anglais se servent d'eux contre nous : un Canadien-Français d'origine basque, Salaberry, nous a combattus en Espagne, sous les ordres de Wellington ; et naguère un autre Canadien-Français s'est distingué sous Kitchener, en Afrique, le long du Nil ; il a contribué pour sa part à mener l'Angleterre à Khartoum, puis à nous chasser de Fachoda.

Des volontaires franco-canadiens ont trimé pour la cause anglaise en Afrique australe contre les malheureux Boers, et pour la cause yankee en Extrême-Orient contre les Tagales des Philippines.

Pourquoi ne trimeraient-ils pas aussi pour la France? Non pas précisément comme soldats, légionnaires, volontaires, mais comme aides en toutes choses pacifiques, utiles, comme paysans, ouvriers, colons et repopulateurs de la France.

Il ne nous chaut qu'un Canadien-Français, premier ministre du Canada, n'ait pas craint, dans un grand discours, en très solennelle circonstance, de s'écrier en langue anglaise : « Je suis Anglais jusqu'à la moëlle! » Il a parlé pour lui ; et d'ailleurs c'est un politicien.

A son encontre, les Franco-Canadiens sont Français jusqu'aux os.

Il faut nous habituer peu à peu à regarder

vers les Canadiens, à compter sur eux, à nous mettre en relations avec eux par des lignes régulières de vapeurs, à leur demander un peu des forces qu'ils dépensent sans compter au profit des Etat-Unis. Notre intérêt éminent est d'en attirer beaucoup chez nous et de les naturaliser aussitôt.

Déjà des centaines d'entre eux viennent à Paris pour y étudier droit, médecine, sciences, arts et beaux-arts. Tant mieux, voilà mère et fille en communion d'idées après un siècle et demi de séparation.

Nous serions plus heureux encore si ce maigre flot d'étudiants, qu'au bout de quelques années le reflux remporte en Amérique, est enfin suivi de vagues, lentes d'abord, puis précipitées et toujours plus hautes, amenant des travailleurs des champs, des colons, des ouvriers, des terrassiers, tout ce que voudra bien apporter d'os, de chair, de muscles, de bras une jeune race extraordinairement vitale à la race ancestrale qui l'est si peu. A l'inverse des «cérébraux» qui s'en vont presque tous, la plupart des « mesquines », « des meurt-de-faim », « et va-nu-pieds » resteront; or, ce sont les humbles qui relèvent et restaurent ce que renversent les oisifs,les luxueux, les « intellectuels » et les « pharamineux ».

Puisque nous manquons de forces vives, faute de l'emploi normal de notre sève, il convient de puiser à une fontaine intarissable comme l'est la source du sang canadien. Nous francisons Italiens, Espagnols, Flamands, Luxembourgeois, Allemands en trente ans : c'est un beau triomphe, mais les hommes du Saint-Laurent seront Français tout de suite.

Attirons-les donc sans nous presser, dès aujourd'hui en France et dans les sites élevés, relativement frais ou froids de l'Algérie, de la Tunisie, de Madagascar ; comptons sur eux pour nous aider à nationaliser les hauts « adrars » du Maroc. Il ne nous sera pas difficile d'incliner chez nous une petite part du courant qui les emporte aux Etats-Unis et jusqu'au Brésil. Issus des Normands écumeurs de rivages, des Bretons et des Saintongeais coureurs de la mer, des Parisiens inconstants, et presque tous ayant dans leur ascendance, en terre d'Amérique, des chasseurs, des trappeurs, des canotiers, des hommes des bois, nos cousins du Canada ne sont pourtant plus des nomades; ils se fixent, mais ce n'est pas sans avoir erré, s'ils l'ont pu, dans le monde. Ils viendront en France, pourvu qu'on les y appelle, aussi bien qu'ils vont au Nord-Ouest, au Youkon, aux États-Unis, et qu'ils iraient au Cap, en Australie, en Chine ou dans la Lune.

Des Canadiens pour aviver la France et les « hauts » de l'Atlantide; des « Tropicaux » blancs, noirs ou mulâtres pour le tour de Madagascar et notre Tropique africain, voilà ce que nous pouvons tirer de nos deux empires avortés : l'américain et l'insulaire.

Il nous faut renouveler, en le centuplant, le petit transport de peuple du dix-huitième siècle : quand les Anglais eurent proscrit la nation française du bassin des Mines, aux herbages de Grand-Pré, quelques centaines de ces malheureux furent rappelés en France; on les fixa dans l'Ouest, surtout à Belle-Isle-en-Mer, et autour d'Archigny, sur des coteaux poitevins d'entre Vienne et Gartempe.

XXXVIII

ON NE NOUS AIME, NI NE NOUS ESTIME

L'histoire qu'on nous a prêchée jusqu'à ces derniers temps nous avait tourné la tête jusqu'à la folie pure — prêchée, disons-nous, et c'était bien un prône « démocratique » plutôt que de la véridique et sévère histoire.

La France soldat de Dieu, la France apôtre, la France martyre ; *gesta Dei per Francos*; la Grande Révolution, dans l'an I de l'Humanité nouvelle ; les Droits de l'homme et du citoyen ; le drapeau tricolore flottant à travers l'Europe en abritant dans ses plis la Justice et la Vérité ; la Liberté éclairant le monde ; l'Egalité (dans le siècle de l'or) ; la Fraternité des peuples (proclamée à coups de canon). S'il y eut au grand jamais un Evangile faux, ce fut bien celui-là !

Mieux que tous raisonnements, les faits l'ont démontré : le soldat de Dieu a été battu : par une énorme coalition, c'est vrai, mais il a été battu ; la France apôtre s'est tue ou a bafouillé devant des contre-apôtres qui ne badinaient pas, des Allemands, comme Bismarck, des Anglais comme ils le sont tous, incapables de céder d'un pouce ; la France a été amputée deux fois ; la Grande Révolution a perdu tout prestige, et si beaucoup voudraient ne plus dater l'ère moderne à la chrétienne, très peu pensent toujours à la dater à la révolutionnaire ; les Droits de l'homme et du citoyen continuent de varier suivant les races, les nations, les religions, les civilisations et la plupart des États préfèrent bâtir de la sagesse, de la constance, de la durée sur la famille, le groupe, plutôt que sur l'individu ; le drapeau tricolore s'est replié, l'aigle de la Victoire l'abandonne ; la Liberté, si elle éclaire le monde (on en doute grandement) ne l'éclaire pas d'une lumière française, mais plutôt anglaise, américaine ; l'Egalité met au sommet des choses, non plus le millionnaire, mais le milliardaire ; la Fraternité des peuples ne pèse pas dans la balance le poids d'un coup de Bourse « amené de longueur ».

Quand on se croit peuple-roi, peuple-Dieu, comme nous l'apprenaient nos historiens, nos éducateurs, nos philosophes, comme des Anglais l'enseignent à des Anglais, des Allemands à des Allemands, des Russes à des Russes, des Yankees à des Yankees, lorsqu'on est roi, lorsqu'on est pontife, souverain sacrificateur, Dieu, l'on s'attribue une importance fort disproportionnée à sa maigre personne.

Les Français du dix-neuvième siècle se sont classés de bonne foi comme le premier des peuples, maître du monde. Il sera bon que ceux du vingtième reviennent au sang-froid de la modestie, qui est la seule sagesse, au sortir des ardeurs de la fièvre d'orgueil.

Nous fûmes beaucoup, nous sommes peu,

très peu même, abstraction faite de l'Afrique, comme toujours. D'abord nous ne sommes ni aimés, ni estimés.

Pourquoi nous aimerait-on, nous qui nous regardons comme les plus aimables des hommes ? Et nous sommes aimables ; mais tout le monde n'entend pas l'amabilité comme nous : beaucoup en ce monde préfèrent la réserve au liant, la froideur et jusqu'à la morgue à la bonne grâce, à la promptitude des démonstrations. Molière l'a dit : « L'amitié demande un peu plus de mystère. » D'ailleurs, de peuple à peuple, l'amitié n'a pas sa raison d'être : on est ou voisins, et alors naturellement hérissés l'un contre l'autre ; ou distants, et alors on ne se connaît que par les livres, les journaux, les racontars, récits de voyage, impressions de quiconque. Il y a, certes, des sympathies politiques, mais elles ne comportent pas la durée ; au contraire, elles varient avec les évolutions, parfois les soubresauts de cette même politique.

Pourquoi nous aimerait-on ? Nous avons guerroyé, à droite et à gauche, à peu près contre tout le monde ; nous avons tourné comme la girouette et l'on ne peut jamais compter sur nous ; presque tous nos gouvernements ont été déplorables ; nous nous vilipendons nous-mêmes, dans nos livres, nos journaux, sur nos scènes, et uniformément nous louons l'étranger, toujours l'étranger, rien que l'étranger ; enfin, il suffit que nous soyons un peuple dit catholique pour que les nations dites protestantes nous aient en exécration.

A vrai dire, on nous déteste et on nous méprise : nous avons été très forts, et alors on nous enviait, mais on nous flattait ; nous ne le sommes plus, et alors on hausse les épaules et l'on ricane — comme lorsqu'on dit d'un richard ruiné : « Il n'a plus le sou. »

On le vit bien en 1870 ; un peu partout, dans tous les pays du monde, on applaudit à nos défaites, même en terres latines et sauf peut-être en terres slaves : le luxe, la gaîté, la splendeur du Paris de l'Exposition avaient offusqué nos visiteurs ; ils nous enviaient sournoisement, et notre ruine les mit en charmante humeur.

XXXIX

LA FRANCE COMPARÉE AUX AUTRES GRANDES NATIONS

C'est justement depuis la Grande Révolution, comprise comme allant de ses premiers jours à Waterloo, où le « Corse aux cheveux plats » se cassa les reins, que nous avons « descendu la planche savonnée » et que nous, les supérieurs. nous sommes devenus seulement les égaux ou même les inférieurs de nos inférieurs d'antan.

Comme nombre d'hommes, nous dépassions extrêmement la Grande-Bretagne, suffisamment l'Allemagne, l'Autriche, nous n'équilibrions pas la Russie en peuple, mais nous étions dix fois plus riches ; quant aux

Etats-Unis, on n'y trouvait encore que quelques millions d'habitants. Nous étions *primi inter impares*.

Mais fût-on très en avant, et courût-on comme le lièvre — or, nous valons tout juste la tortue — on finit par être très en arrière des autres, quand les autres courent comme le slougui. Tel a été le cas. Tantôt plus tôt, tantôt plus tard, l'heure a sonné où nos rivaux dans la lice mondiale nous ont tous dépassés ; maintenant ils nous regardent en pitié et non sans joie, ils nous voient à la queue hors d'haleine et fourbus.

Notre infériorité présente comme nombre aurait bien moindre gravité, si précisément la France n'avait la plus dangereuse des supériorités et certes la plus mortelle au cas où, de passagère, elle deviendrait chronique : la stérilité est la maladie qui ne pardonne pas, puisque son terme fatal est le néant. Or, aucun peuple n'élève relativement aussi peu d'enfants que le nôtre.

Sans doute la natalité diminue peu ou prou chez toutes les nations civilisées, et les preuves en abondent.

Bienfait ou méfait du siècle, il faut en prendre son parti : la forêt humaine est de moins en moins ardente, tumultueuse et partout tout surgissante ; à côté de bois encore luxuriants, inextricables, il y a déjà des coins où l'on voit autant de troncs secs que de rejetons verts. Pour l'instant, la France est le parage de la sylve où le sec et cassant dispute le plus d'espace à la pousse flexible, à l'ombre touffue, aux rameaux balancés du vent. Ailleurs, par exemple en Angleterre, la nation s'accroît encore, seulement ce n'est pas parce que la forêt surgeonne et pousse dru comme antan, mais parce qu'on y pratique la science d'empêcher les arbres de mourir ; si la natalité y a fort diminué, la mortalité y a décru plus encore, alors que chez nous on expire presque autant que ci-devant.

Inférieurs à nos rivaux en nombre, donc en chair à canon comme en matière pensante, notre stérilité nous enlève tout espoir de les égaler de longtemps.

Sans aucun doute, il n'en sera pas ainsi toujours ; de par la loi des vases communiquants où l'on verse incessamment l'eau, il arrive forcément un moment où le plus grand des vases contient plus de litres ou de tonnes que les vaisseaux moindres. La France, par exemple, égalant à peu près l'Allemagne en étendue, mais sous un climat meilleur, sur un sol meilleur, et avec bien plus de « houille blanche » (si elle cache en sous-sol bien moins de houille noire), la France sera quelque jour, et quoiqu'on fasse, bien plus habitée que l'Allemagne. — Par malheur, ce jour-là ne semble pas près de s'épanouir dans le grand ciel de l'histoire.

Il tombe sous le sens que quarante-trois millions, ou quelque peu plus, de Français massés dans l'Europe occidentale, en France, en Wallonie, en Suisse romande, ne peuvent exercer en 1900 l'influence prépondérante qu'avaient en 1800 nos vingt-six millions. Alors il n'y en avait pas plus de quinze dans les îles Britanniques, l'Allemagne ne nous équilibrait pas en nombre d'hommes et la Russie, déjà si vaste, ne nous dépassait que de dix millions. Et aujourd'hui nos quarante-trois à quarante-quatre millions ont à faire face à presque autant de Great Britishers, à soixante-dix millions environ d'Allemands retranchés dans l'Europe centrale, en Deustschland, en Suisse, en Autriche.

Prenons le monde entier dans notre main, comme si nous étions le César universel : nous n'y trouvons que 50 millions d'hommes ayant pour langue maternelle le français ou des patois français ou le français créole, et encore en y comprenant les Belges bilingues ou trilingues, et les Canadiens Français des États-Unis et les Louisianais, voués à une extinction prochaine.

Retranchons ces Français d'Amérique, irrémédiablement perdus, mais admettons parmi nous (comme il semble rationnel) nos indigènes d'Algérie et de Tunisie, en tant que destinés aussi fatalement à la francisation que nos Bretons, nos Basques, et les Louisianais et Canadiens de l'Union Américaine à l'anglicisation, nous n'arrivons encore qu'à 53 ou 54 millions de francisants contre 62.500.000 castillanisants d'Europe ou d'Amérique, accompagnés de plus de

25 millions de lusitanisants des deux mondes, soit 88 millions d'Ibériens. Et les Russes nous dépassent de plus de 80 millions dans un empire où, sauf en certaines régions extérieures, tout le monde s'adapte ou s'adaptera bon gré mal gré à la langue nationale ; et les anglicisants égalent à peu près les millions de la « Sainte Russie ». Quant aux Allemands et aux Italiens, il n'y a pas lieu de leur attribuer sérieusement leurs millions extra-européens, leurs frères d'outre-mer s'anglicisant ou se latinisant sans remède et sans espoir.

Calcul bien plus écœurant encore pour nous, le nombre des francisants de sang français, tout au moins européen, Français, Belges, Suisses, Lorrains, Algériens, Tunisiens, Acadiens, Canadiens, colons des îles, s'accroît plus lentement que celui des peuples rivaux.

Voici l'expression numérique approximative du croît des langues « impériales » entre 1871 et 1901 :

XL

CROIT DES LANGUES « IMPÉRIALES » ENTRE 1871 ET 1901.

Nombre des Français de langue en 1871 et en 1901, sans les indigènes de l'Afrique du Nord, bien qu'ils soient Français « par destination » au même titre que nos Basques, nos Flamands, nos Bretons; sans tenir compte non plus des Canadiens des Etats-Unis:

	1871	1901
	—	—
France (sans l'Alsace-Lorraine)	36.100.000	38.960.000
Français de l'Alsace-Lorraine	300.000	300.000
A reporter . .	36.400.000	39.260.000

Report . . .	36.400.000	39.260.000
Belgique (bilingues et trilingues compris) .	2.500.000	3.600.000
Suisse Romande . .	585.000	735.000
Vallées Piémontaises .	100.000	100.000
Iles Normandes . . .	60.000	20.000
Afrique du Nord (Européens et Juifs) . .	280.000	820.000
Mascareignes (Bourbon, Maurice, les Seychelles). . . .	450.000	570.000
Canada (sans les émigrés aux États-Unis).	1.125.000	1.660.000
Louisiane	200.000 (?)	200.000(?)
Haïti, Petites Antilles, Guyane	1.400.000 (?)	1.650.000
Autres colonies (Saint-Pierre, Nouvelle-Calédonie, etc.) . . .	10.000 (?)	50.000
Total. . . .	43.110.000	48.665.000

Si nous considérons nos indigènes de l'Afrique du Nord comme irrévocablement Français, de par leur « destinée manifeste » ainsi qu'on regarde comme Espagnols tant les Quitchouas, que les Aymaras, les Guaranis, et comme Russes une foule de peuples non encore assimilés à la « Russie » ; en un mot, si nous anticipons sur l'avenir probable, le croît des Musulmans d'Algérie et l'annexion de la Tunisie portent notre puissance numérique de 45.133.000 en 1871 à 54.384.000 en 1901.

Nombre des Anglicisants en 1871 et en 1901.

	1871	1901
	—	—
Grande-Bretagne . .	31.630.000	41.605.000
États-Unis.	40.000.000	76.303.000
Canadiens anglais . .	2.470.000	3.750.000
Terre-Neuve	150.000	217.000
Jamaïque, Petites Antilles, Guyane . . .	1.100.000	1.500.000
Australie et Nouvelle Zélande	2.000.000	5.175.000
Afrique Australe . .	100.000(?)	250.000(?)
Sierra-Léone et Libéria	100.000(?)	200.000(?)
Iles diverses, petites colonies, postes, etc.	100.000(?)	200.000(?)
Total . . .	77.650.000	129.200.000

Nombre des Russisants en 1871 et en 1901.

Les habitants du grand empire slave étaient en 1871 au nombre de 85 millions, plus ou moins ; en 1901 on en comptait au delà de 130 millions, et si nous englobons la Mandchourie dans le domaine slave, en conformité à l'exacte réalité, ils approchent de 140 millions. Ainsi donc les sujets de la Russie équilibrent les anglicisants, mais ils ne sont pas tous de langue russe : il s'en faut d'une population à peu près égale à celle de la France entière. Mais en dehors de la Pologne, de la Finlande, des provinces Baltiques, de la Lithuanie, du Caucase méridional, du Turkestan, la langue nationale ne cesse de réduire le domaine des autres idiomes ; peu à peu l'océan slave ronge les rives et submerge les îlots. On peut admettre qu'il a gagné dans les trente ans une trentaine de millions d'hommes.

Nombre des Castillanisants en 1871 et 1901.

	1871	1901
	—	—
Espagne	16.800.000	18.620.000
Cuba et Porto-Rico. .	2.000.000	2.525.000
République Dominicaine	300.000(?)	450.000
Mexique	10.000.000(?)	13.600.000
Amérique Centrale . .	2.600.000(?)	3.650.000
Colombie	2.900.000	3.900.000
Vénézuéla	1.750.000	2.500.000
Équateur	850.000(?)	1.400.000
Pérou	2.600.000(?)	3.550.000
Bolivie	1.500.000(?)	1.850.000
Chili.	2.000.000(?)	3.050.000
Argentine	1.800.000(?)	4.800.000
Uruguay	400.000(?)	950.000
Paraguay	120.000(?)	600.000
Total . . .	45.620.000	61.445.000

Nombre des Lusitanisants en 1871 et 1901

	1871	1901
	—	—
Portugal	4.370.000	5.430.000
Brésil	11.000.000(?)	20.000.000(?)
Total . . .	15.370.000	25.430.000

Des nombres ci-dessus, non très éloignés de la vérité vraie, il résulte que durant les trentes années écoulées de 1871 à 1901, les anglicisants ont crû de 1.750.000 par an, les Russes d'au moins un million, les Espagnols de 727.000, les Portugais de 335.000; les Français de 188.000 seulement; de 308.000 à 309.000, si nous agglomérons à notre bloc les indigènes de l'Algérie et Tunisie. Ainsi nous venons à la queue.

Cette moyenne des trente dernières années n'a rien d'irrévocable, heureusement pour nous.

Anglais, Russes, Espagnols, Portugais cueillent les fruits d'arbres depuis longtemps plantés, longtemps arrosés de sueur, de sang, tandis que notre arbre à nous, tout juste sorti du sol, commence à peine à produire.

A noter aussi que les Anglais ont profité jusqu'à ce jour de l'immigration cosmopolite beaucoup plus que les autres peuples « impériaux » ; évidemment, comme on dit, ils ont mangé leur pain blanc le premier ; la colonisation de la Sibérie, de toute l'Asie du

Nord, si rapidement menée par les Russes, les foules italiennes, espagnoles, portugaises, en un mot: latines, qui se ruent sur le Brésil et l'Argentine, ne manqueront pas de diminuer notablement l'écart entre le gain annuel des « Slaves », des « Latins » et celui des « Germains ».

Ne pas oublier non plus que la tutelle de la France sur le Maroc reconnue, ici officiellement, là tacitement par l'Europe, nous ajoute en 1904 environ dix millions de plus de Maugrabins. Nous les annexons sans sourciller à notre domaine national, aussi bien que nous l'avons fait des indigènes de l'Algérie et de la Tunisie, ou qu'on le fait communément des Bretons bretonnants.

Il n'est pas douteux que dès l'ouverture du chemin de fer de Tlemcen à Fez, et de Fez à l'Atlantique, ils seront roulés, entraînés, submergés dans le courant français.

Venue trois ans plus tôt, cette tutelle aurait porté à 64.384.000 le nombre des Français, tel que nous le comprenons, et singulièrement relevé notre croît annuel dans les trois décades.

XLI

ÉTENDUE ET POPULATION DE L'EMPIRE FRANÇAIS

Si nous ajoutons au progrès des francisants de vieille date en Europe, en Afrique, en Amérique, les indigènes de nos colonies récentes, en Soudanie, en Congolie, à Madagascar, en Indo-Chine, tous les sauvages, incivilisés, demi-civilisé, qui apprennent notre langue en sus de leur « vernaculaire », nous arrivons à des nombres plus réjouissants, qu'il est pour l'heure impossible de fixer avec exactitude.

Cet empire, tel que nous le montre l'an 1903, a comme étendue le quatrième rang parmi les dominations ; et comme nombre d'hommes, le quatrième aussi. En voici le « cadastre » et le « recensement », avec probabilités d'un grand écart avec le réel :

	Étendue en hectares	Population
	—	—
France	53.640.800	38.962.000
Algérie	30.000.000	4.739.000
Tunisie.	10.000.000	1.700.000
Maroc	43.924.000	10.000.000
Sahara	400.000.000	300.000(?)
Afrique occidentale. .	150.000.000	8.000.000
Congolie et Tchad . .	180.000.000	12.000.000(?)
Madagascar et dépendances	60.000.000	3.000.000
Côte des Somalis . .	3.600.000	200.000
Indo-Chine et zone d'influence	94.000.000	25.000.000(?)
Inde française . . .	50.000	275.000
Saint-Pierre-et-Miquelon	24.200	6.500
Antilles françaises . .	276.700	370.000
Guyane française. . .	8.000.000	30.000
Nouvelle-Calédonie . .	1.982.400	52.000(?)
Taïti, Marquises, etc .	440.000	37.000(?)
Total . . .	1.035.938.000	104.671.500

Donc, en gros, plus d'un milliard d'hectares et plus de cent millions d'hommes.

Comme étendue, c'est un peu plus que l'Europe, c'est moins que l'empire anglais, l'empire russe, l'empire chinois; plus que les États-Unis, la puissance du Canada et le Brésil.

Grâce à ce treizième environ du Globe, à ce quinzième à peu près de toute l'Humanité, nous avons de grandes chances, disons des sûretés de durée dans le monde; déjà tant d'Africains du Nord, de Soudanais, Congolais, Malgaches, Annamites étudient notre langue en sus de la leur, qu'il n'est peut-être pas exagéré de les fixer à 50.000 au moins par année; avec un peu d'énergie, ce sera bientôt 100.000; puis ce seront tous les enfants, et alors, notre croît, devenu celui des habitants de tout l'Empire, sera plus digne de notre histoire, de Paris et de Victor Hugo.

Puisque nous sommes en veine d'optimisme, nous ne manquerons pas d'ajouter au domaine futur de l'idiome français le très précieux Congo Belge. Ses 2.252.780 kilomètres carrés, ses quinze millions d'habitants au moins, portent la France Majeure à 1.261 millions d'hectares avec 120 millions d'hommes — et alors nous revendiquons plus du onzième du Globe et le treizième des Humains.

Les vraisemblances du devenir exclues, et en s'en tenant à la date aujourd'hui marquée sur le calendrier, qu'est-ce que nos 188.000 francophones de plus par année, alors que dans la seule Europe, la Teutonie gagne 900.000 personnes par an, Autriche et Suisse allemandes comprises; quand les Ibériens, Espagnols du verbe sonore et Portugais du verbe nasal, s'arrondissent déjà de près d'un million; tandis que la grande nation slave en acquiert présentement de douze à dix-huit cent mille, et que du 1er janvier au 31 décembre, deux millions sont le gain manifestement triomphal des Anglo-Saxons.

Il y a convenance à mettre les Français en face de ces nombres désolants. Trop peu d'entre nous savent à quels degré nous sommes déchus, le favorable Empire à part. Nous ne nous soucions pas de l'avenir de la nation; nous préférons applaudir ou siffler des acteurs, tendre l'oreille aux racontars des boulevards de la rive droite, écouter les chansons des « beuglants » et, quand cosmopolitisme et humanitarisme nous mordent de temps en temps, maudire le Turc, qu'il le mérite ou non, plaindre le Finlandais, prendre feu pour le Macédonien, l'Arménien et courir en idée à leur défense, au lieu de songer à nous défendre, nous, si l'on avait bonne envie de nous attaquer. Et qui oserait croire que nul ne nous guigne ? L'homme n'est-il pas injuste, rapace et perfide ?

Il ne faut pas lui en vouloir : la Nature l'a fait ainsi ; ni le dogme, ni la morale, ni la philosophie, ni les enseignements de l'histoire ne l'ont encore transformé ; on peut désespérer qu'il se transforme jamais du tout au tout et qu'il passe du guerroiement à la paix profonde. De par la loi cruelle, mais il semble bien que ce soit la loi, l'on mange pour n'être pas mangé, l'on attaque pour n'être point assailli. On dresse en bataille son injustice contre l'injustice des autres.

XLII

DÉCLIN DE L'UNIVERSALITÉ DU FRANÇAIS

Devant une pareille infériorité momentanée d'être et de devenir, dans quel Septième Ciel trouver un Dieu propice pour maintenir en sa dignité de reine très aimée et très estimée la glorieuse langue dont la suprématie fut telle au dix-huitième siècle et dans la première moitié du dix-neuvième qu'on s'ingéniait, chez les historiens et les philosophes, à rechercher les causes profondes de son universalité ?

Il n'est pas de Dieu capable d'un tel miracle et, hors de chez lui, le français recule comme idiome général ou, suivant une expression nouvelle, comme idiome supranational. Il perd à chaque heure un petit peu de sa royauté.

Anglais, Russes, Allemands et autres s'y soumettent de moins en moins. En ce temps de suffrage universel où l'on ne pèse pas les votes — on les compte seulement — le nombre *plus un* ne supporte pas volontiers le nombre *moins un* : pourquoi 130 millions d'Anglais abdiqueraient-ils devant 50 à 60 millions de Français? Ce serait le monde renversé.

Nous sommes à un demi-millénaire de la primauté du Français dans l'île qui nous a pris la souveraineté du monde. L'Angleterre a parfaitement oublié qu'elle fut française par ses conquérants normands, ses rois angevins, son aristocratie, sa justice, son idiome officiel ; son idiome à elle s'est tellement répandu sur terre qu'il espère « dégoter », comme disent nos faubouriens, et cela dès avant longtemps, notre idiome à nous en qualité de verbe officiel international. En Angleterre on apprend le français chez les riches, les gens distingués, mais le menu peuple n'en a cure, et il est manifeste qu'on tend en Outre-Manche à préférer au parler et à l'écrit de Paris l'écrit et le parler de Vienne et de Berlin.

Au nord de l'Angleterre, l'Écosse de la gracieuse Marie Stuart ne se souvient guère du « tant doux pays de France » : elle suit en tout les goûts, les haines, les amours des Anglais qui l'ont conquise et, de celtique, faite « saxonne » ; les Écossais sont même un peu partout les pionniers les plus persévérants, les plus intelligents de toute la « Saxonnerie ».

Les Irlandais sont tous devenus anglicisants, à l'exception des 38.000 fils d'Érin qui ne parlent plus que l'erse, 642.000 usant des deux langues ; s'ils font acte d'anglophobes dans leur « île d'Émeraude », s'ils y détestent à mort les Sassenach ou Saxons, ils font au dehors un incroyable étalage de francophobie ; la France, représentée en Amérique par les Canadiens, n'y a pas d'adversaires plus injustes, plus tenaces, plus acharnés, plus passionnés.

Dans les Pays-Bas, il faut distinguer la Belgique de la Hollande.

La Belgique tient à la France : elle nous prolonge par la Wallonie. Dans le royaume trilingue, le français ne recule aucunement devant le flamand des Flandres, du Brabant, du Limbourg, ou bien devant l'allemand du Luxembourg. Même mieux : d'après des calculs très minutieux dus à des germanomanes plutôt qu'à des amis de la France, son domaine s'est accru, depuis l'an 1200, d'un peu plus de 70.000 hectares, en Luxembourg, dans le pays de Liège, en Limbourg, en Brabant, en Hainaut, en Flandre occidentale ; près de 200.000 Wallons vivent sur ces terres jadis flamandes : ainsi, dans le Brabant, la tragique Waterloo fut flamingante, conformément à son nom; elle est française aujourd'hui.

En dehors de ce pays de conquête, dans ce qui est demeuré terre flamande, notre langue gagne incessamment de nouvelles recrues, surtout dans cet énorme Bruxelles qui, comme ville, n'a pas 200.000 âmes, et comme ville et faubourgs en compte plus de 600.000, même de 650.000; 57 p. 100 des Belges ne parlaient que flamand, en 1846;

50 p. 100 en 1866 et 45 p. 100 seulement en 1890, année où 701.000 « Sais-tu, savez-vous ? » possédaient le flamand et le français (contre 308.000 seulement en 1866); 58.600 parlaient le français et l'allemand, 36.000 les trois langues.

En Hollande s'effacent incessamment et vont disparaître les derniers vestiges des paroisses dites wallonnes, c'est-à-dire françaises, jadis très nombreuses, très vivantes, qui, du fait des protestants enfuis de France après la révocation de l'édit de Nantes, s'étaient implantées dans le pays des canaux, des digues et des moulins à vent; Voltaire disait : des canaux, des canards et des canailles.

Il y a cent années, pas un Néerlandais non-paysan, non-ouvrier, non-pêcheur ou non-matelot n'était ignorant de la parole de France, et il se publiait relativement autant de livres français à Amsterdam qu'à Paris. On s'accorde à reconnaître que le prestige du français y diminue. Tout Hollandais instruit parle quatre langues : la sienne d'abord, puis le français, l'anglais, l'allemand ; il n'y a pas longtemps encore, après le bas-allemand national c'était le néo-latin de « Paris emprès Pontoise » que tous apprenaient, appréciaient, aimaient le plus; maintenant, on acquiert aussi volontiers ou de préférence l'allemand, qui est un frère puissant du hollandais, et l'anglais parlé par tant de millions d'hommes et considéré comme indispensable aux gens de commerce, d'industrie, de marine, de finances.

Dans la Suisse, trilingue ainsi que la Belgique, même quadrilingue si nous tenons compte de nos cousins néo-latins les Roumanches (*id est* : les Romains), le domaine qui continue celui des Français de France ne s'est pas réduit devant la poussée allemande: s'il a diminué dans le canton de Berne, il a gagné dans celui de Fribourg et remonté le cours du Rhône valaisan. En 1890, la Confédération comprenait 635.000 Français ou les 21,74 p. 100 de la population fédérale; en 1900, elle en contenait 733.000 ou les 22,038 p. 100. Ici donc, tout va bien!

En Allemagne, on nous l'affirme unanimement, nous perdons du terrain. Là aussi les églises protestantes françaises sont mortes, qu'avaient fondées les réfugiés du temps du grand Frédéric; alors la langue de son ami et ennemi Voltaire était l'idiome civilisé d'une race qui s'ignorait encore : avant tout celui de Frédéric lui-même et de toutes les cours et principiculats. Il en est advenu tout autrement, surtout depuis que la race se connaît, qu'elle voit son nombre, sa force et que ses ambitions débordent jusqu'à prétendre conquérir le monde, même par les armes — inepte outrecuidance : mais il en est de l'orgueil comme de la vie, dont les hommes, les peuples, les générations se passent de main en main le flambeau.

Une nation qui se croit la « couronne de l'humanité », qui se flatte de dominer bientôt la terre par son armée, la mer par sa flotte, le monde par sa science, et, pense-t-elle ingénûment, par sa vertu, ne saurait accepter l'hégémonie d'une langue autre que la sienne. Sans que les Allemands négligent l'étude du français — loin de là, car ils ont le sens pratique, l'esprit curieux — ils n'ont pas pour lui le même culte qu'autrefois. Langue non allemande, pour langue non allemande, ils préfèrent l'anglais, dont les racines essentielles sont germaines, au néo-latin français, Byron, Shelley ou Tennyson à Hugo; ils se disent avec raison que Londres, Liverpool, Glascow, New-York, Chicago brassent plus d'affaires que Paris, Marseille, Alger et Tunis. Ils espèrent que le monde voudra bien remplacer un jour « l'argent de l'idiome anglais » non par le « billon du français », mais par « l'or de l'allemand » : « Los von Frankreich! » est un cri de leurs allemanomanes, comme « Los von Rom ! » une imprécation de leurs sectaires antipapistes.

Nous n'eûmes jamais que très peu de prise sur la Scandinavie, qui, d'ailleurs, froide, reculée, ni peuplée, ni riche, prend peu de part au tumulte du monde moderne. En Suède, l'allemand se parle et se lit bien plus que le français : rien d'aussi naturel, vu la parenté des idiomes, la proximité des rivages ; en Norvège, où les touristes anglais, les pêcheurs de saumon anglais, les villégiateurs anglais d'été sur la côte et le long des fjords sont grandissante légion, la langue de Londres devient toujours plus l'organe cosmopolite d'un peuple dont les patois locaux et le danois littéraire se rapprochent très fort du saxon de la Grande-Bretagne.

Dans le pays russe, le sixième du Globe terraqué, nous avions un tel empire que pour tout ce qui dépassait l'état de moujik, d'ouvrier, de petit bourgeois, le français était parler national autant que le russe, et même plus.

Que cet empire durât, il ne se pouvait : quand on est de force à courber l'ancien continent, on fait de sa langue impériale sa langue sociale, et dès qu'on peut, sa langue littéraire et scientifique. Les Russes n'y manquent pas; ils étendent délibérément, dans toutes les directions, le domaine de leur idiome slave ; en Asie comme en Europe, des eaux cristallines de la Néva à la bourbe de l'estran sur le bord du golfe du Petchili, les passants de l'immense empire remarquent que, pour maintes causes, notamment pour cause d'utilité, Paris recule un peu et que Londres avance d'autant.

En Italie, en Espagne, en Portugal, en Roumanie, chez les Latins d'Amérique, nous ne perdons point notre place première ; à côté, parfois au-dessus de l'italien, de l'espagnol, du portugais, du roumain, le français est toujours verbe social et verbe scientifique. Cependant là aussi l'anglais se glisse parce que l'utilité prévaut ; parce que, selon la parole d'un « impérialiste » des bords de la Tamise, l'Angleterre est la plus grande maison de commerce que le monde ait encore vue ; parce que c'est en « saxon » que s'échangent le plus de dépêches, que se lisent le plus de renseignements sur le cours du cuivre, du coton, des peaux, des laines, des moutons, des porcs, du saindoux ; parce qu'il vaut mieux — et c'est bien vrai de la majorité des hommes — spéculer sur les vins, les grains et les huiles que d'apprendre les beaux vers des *Contemplations* ou de *la Légende des Siècles*.

Cependant l'énorme crue qui déposera des centaines de millions d'Ibériens sur les plus beaux jardins de l'Amérique, fera fatalement de l'espagnol, et aussi du portugais, un grand organe du commerce universel ; inversement, il fera de l'anglais un outil moins indispensable, puis inutile à demi, car les Britishers, les Yankees, les Australiens, trafiquants avant tout — *Business is business* — apprendront gaillardement l'espagnol ou le portugais pour l'extension, la facilité, le profit de leur trafic ; tandis que le français pourra rester, après légère et passagère éclipse, un soleil de lumière ou, moins ambitieusement, un flambeau de science, d'intelligence, d'art : alors il demeurera (ou demeurerait) ce que le latin fut si longtemps en Europe ; plus encore, ce qu'il serait si, loin d'être à jamais banni de la bouche des hommes, il vibrait toujours, net, ferme et sonore, sur les lèvres de millions et millions de Méditerranéens.

De l'Australie, rien à dire : on s'y soucie tellement peu du français ! De l'Amérique du Nord, rien non plus, sinon que dans cette usine, ce magasin et dock universel, ce comptoir, cette banque où l'anglais tue et dévore, notre idiome ne sera jamais qu'une langue de luxe, sauf dans ce que concervera, gagnant ici, perdant là, la race exubérante des Canadiens-Français.

Puisque nous perdons presque partout du terrain comme langue supranationale, il nous importe d'en gagner comme langue nationale, et c'est heureusement la voie sur laquelle nous nous sommes délibérément engagés. A bien réfléchir, il vaut mieux marcher vers l'avenir avec une armée massive que de disperser des tirailleurs à tous les coins de l'horizon.

Nous devons préférer dix, vingt, cent millions d'hommes de plus, usant du français dans le même parage du monde, à nombre égal de francisants disséminés sur le monde entier ; ici un hôtelier, là un professeur, ailleurs un pasteur ou un curé, ailleurs encore un homme de sport, un savant, un lettré ; en somme des *rari nantes* commodes au voyageur, mais indifférents à la vraie force et à la durée de la nation : le feu, la vie, l'énergie d'un astre sont proportionnels en durée au volume de la sphère.

XLIII

L'ORIENT, LA SYRIE

Au nœud de l'ancien continent, lieu de rencontre de l'Europe, de l'Asie et de l'Afrique, nous fûmes prépondérants en influence sociale, littéraire, civilisatrice : à Constantinople, à Athènes, à Smyrne, à Alexandrie.

En Égypte une « frasque » imbécile nous a vaincus sans combat, pour quelque temps ou à jamais, on ne saurait dire : le français, très dominant il y a quelques années, n'y lutte plus avec l'anglais (toujours l'anglais) qu'à armes inégales.

En Grèce, en Turquie, en Asie Mineure, se

dressent contre nous des « impérialismes » énergiques, les Italiens, les Allemands, les Anglais, les Yankees et la Russie qui, même lorsqu'elle paraît reculer, avance toujours et pour ne jamais revenir en arrière.

En Syrie nous tînmes longtemps le sceptre: on admettait que le partage de l'empire ottoman nous vaudrait Beïrout, Tyr, Sidon, Damas, Antioche, les cèdres neigeux du Liban.

L'abandon de l'Égypte a grandement simplifié les choses : sans l'Égypte, la Syrie « est en l'air » ou, si l'on veut, à la dérive, sans attaches, très vulnérable au nord, à son contact avec l'Anatolie; très étroite d'ailleurs et en cela semblable à notre Afrique Mineure ; celle-ci s'effile d'ouest en est, entre mer et sable, comme s'allonge, de nord en sud, le Liban flanqué de son Anti-Liban, également entre vague et sable ;et sur ce sable se dresse Palmyre.

Le Sahara n'a point de Palmyre, mais il confronte au Niger, supérieur à l'Euphrate qui coule au bout des solitudes de Tadmor.

On nous offrirait ce Liban qu'il siérait de

le refuser, en conformité à la règle inflexible : « Tout en Afrique et rien qu'en Afrique ! » Étant terre méditerranéenne, la Syrie pourrait presque faire exception, si l'ombre de la Russie ne se projetait de loin sur elle.

Il faut n'avoir aucun soupçon des pensées cachées, et pourtant évidentes, de la Russie pour croire qu'elle abandonnera l'Asie Mineure à des ambitions autres que la sienne. Ce n'est pas pour rien qu'elle a usé cent ans à franchir le Caucase et que, de Kars, elle guette la terre, plus historique encore que l'Égypte, où s'abornent le Pont-Euxin, la Méditerranée et le golfe Persique.

Trois mers : et c'est la mer que cherche depuis des siècles le grand Ours altéré du Nord ! Il a fini par atteindre en Extrême-Orient le très lointain Pacifique, il ne souffrira pas que l'Allemand, l'Italien, l'Anglais, le Français ou quiconque lui barre le chemin des eaux glauques vers le couchant ou le midi. Il peut renoncer à Constantinople, il ne renoncera pas à Smyrne, à Alexandrette, aux bouches du Tigre compliqué de l'Euphrate. Il n'empêchera d'abord que ce qu'il pourra, puis il contrariera tout.

N'était qu'il est trop tard, que, l'Égypte perdue, la Syrie n'importe, et que l'avenir la destine au colosse devant lequel nous sommes des pygmées, le pays des Maronites nous irait « comme un gant ».

Les Maronites sont bons catholiques bons Français : point seulement de cœur, mais aussi de langue ; — pas tous sans doute, mais beaucoup ; ils parlent l'arabe, même un excellent arabe, et Beïrout est un des grands centres de la littérature, de la pédagogie, de la science « Sémite » ; mais ils sont aussi de culture française et s'expriment en français aussi bien que nous.

Si Bonaparte avait enlevé d'assaut Saint-Jean-d'Acre ; si nous n'avions pas perdu la flotte d'Aboukir ; si le vainqueur des Pyramides n'avait brusquement lâché le Nil pour la Seine et cogné sur des législateurs au lieu de sabrer des Bédouins, et encore d'autres *si*, nous posséderions peut-être le Liban au lieu de l'Atlantide, nos destins eussent changé d'horizon, plus loin de nous et avec moins d'ampleur d'avenir, l'empire nous étant beaucoup plus disputé du côté de Ninive, de Babylone, de Memphis, qu'autour de Tombouctou, de Kong, de Brazzaville et du tournant de l'Oubangui.

Hors des lieux « maternellement » français, France, Wallonie, Suisse de Genève, Neuchâtel, Lausanne, Canada, etc., nulle contrée ne nous est plus inféodée; aucune peut-être n'eût accepté plus gaîment notre hégémonie : d'autant que la poigne du sultan de Constantinople, qu'il mérite ou ne mérite pas le surnom de « rouge », n'est guère agréable à sentir sur la nuque.

Aussi fuient-ils maintenant leur Syrie. Ils sont devenus un peuple d'émigrants ; ici on les appelle Syriens, ailleurs Turcs. Ils vont dans le Canada français où, catholiques et parlant la langue de la contrée, ils versent naturellement dans la nation franco-canadienne plus que dans la canadienne-anglaise; ils débarquent dans les ports des États-Unis, à Haïti, au Brésil, en Argentine; à vrai dire partout, et même dans nos colonies de l'Afrique Occidentale. La plupart courent les villes, banlieues et campagnes en qualité de colporteurs, de petits marchands dont la voiture ambulante horripile les grands négociants.

Il n'y a pas que des Maronites en Syrie; les Musulmans y dominent, les Druses y professent une religion qui n'appartient qu'à eux. Mais, dans l'ensemble, encore que bien moins francisés d'idiome et d'idées que les Maronites, les uns et les autres inclinent vers nous plus que vers nos rivaux. Nous avons là comme une province qui nous échappe depuis nos faux pas, nos incohérences, nos politiciens logomaches, depuis que la France n'y avance plus en « refoul », suivant le mot des Acadiens français de la baie de Fundy, c'est-à-dire en mascaret, que tout au contraire, elle reflue visiblement des pays de l'orient arabe et turc.

Acceptons l'histoire telle que nous l'avons faite, et puisque la Méditerrannée orientale, celle qui fut grecque, nous échappe, efforçons-nous de retenir la Méditerranée occidentale, celle qui fut latine. Préférons-la délibérément à la mer de Chine.

XLIV

RESTONS NOUS-MÊMES ET RESTONS CHEZ NOUS !

Convient-il de faire des efforts pour conserver notre ancienne supériorité en maints pays du monde ?

Non ! Disons-le tristement, mais disons-le, résolument : Non !

Sans nous apitoyer une seconde sur notre débilité présente, il y a sagesse, à-propos et courage à la reconnaître.

En vertu du proverbe : Qui ne peut ne peut ! veillons à ne viser que le possible, — à ne pas lâcher le certain pour l'incertain, autant qu'il y a certitude au monde.

Le protectorat de la Syrie, à supposer que nous ne reprenions pas notre place en Egypte, celui des Lieux Saints, l'endroit le plus disputé du monde, par les juifs, les catholiques, les protestants, les grecs ; l'Extrême-Orient, le Siam, la Chine méridionale, l'hégémonie commerciale et, s'il se pouvait, politique, dans le Sétchouen, province « jaune » qui vaut un empire ; les îles et les îlots qui briseront la ligne d'est en ouest, quand on aura percé le trop fameux isthme de Panama ; les cantons idolâtres où nos missionnaires ont catholicisé des indigènes qui se passent des plumes dans le nez, des bondes dans la lèvre, ou se liment les dents, ou se tatouent en larges cicatrices parallèles sur le front, sur les joues; la Guyane amputée, la Louisiane submergée, Haïti toujours divisée contre elle-même ; nos petites colonies, nos cinq villes de l'Inde ; tant de pays où nous passâmes, où nous ne fîmes que passer, tout cela c'est l'ombre qui fuit, le nuage qui passe, l'eau qui ne remonte pas vers sa source.

Ne croyons pas sauver la France en tant

que puissance mondiale, en bourdonnant comme la mouche du coche au bas de la côte ardue, malaisée, impossible, là où nous ne pouvons atteler que des chevaux fourbus et des ânes récalcitrants !

Que nous sert de fonder, encourager, subventionner des écoles au plus épais des foules étrangères, hostiles, inassimilables durant les siècles des siècles, à Londres, à Madrid, à Moscou, Varsovie, Philippopoli, New-York, Sydney, Melbourne, le Cap de Bonne-Espérance ?

Aucun effort ne vaut que l'effort qui surmonte.

Toutes ces écoles seraient des instituts polytechniques avec des professeurs de génie, notre idiome n'y gagnerait que des unités, et c'est de centaines de millions qu'il a nécessité pour vivre : trop fier, espérons-le, pour se contenter de vivoter.

Notre tâche n'est pas d'apprendre loin de nous le français aux étrangers, pas plus que de seriner chez nous l'anglais et l'allemand à nos enfants ; nous devons à notre marmaille de l'instruire en sa langue maternelle et aussi, croyons-nous, en latin, puisque le latin est la fontaine et l'origine du français comme des parlers dont l'usage devrait nous être le plus délectable, l'espagnol, le portugais, l'italien, le roumain.

Il est inconcevable qu'on proscrive en France le latin — car, bien réellement, on le proscrit — là où l'on devrait l'honorer.

Comment ! Nous avons le bonheur de parler une langue issue du verbe impérial ; ou plutôt notre langue est ce verbe impérial lui-même autrement accentué. Non pas exactement celui des livres, des grands discours officiels, le latin somptueux, pompeux, synthétique, autoritaire, tel qu'il se dégagea du verbe populaire par le travail des grammairiens, des rhéteurs, des poètes, des littérateurs entichés du grec ; mais ce latin populaire lui-même, le faubourien, si l'on veut accepter ce terme, l'idiome non guindé, le patois et un peu l'argot du manœuvre, de l'ouvrier, du charretier, du matelot, du soldat, du paysan de la Campagne romaine. Par lui nous remontons à plus de deux mille cinq cents ans en arrière; il nous continue dans le passé, du serment de Verdun aux premières inscriptions tracées par le peuple-roi; nous ajoutons ainsi cinquante générations à l'histoire de notre pensée et même, il peut se dire, à l'histoire de notre famille

Car la substitution du latin aux dialectes celtiques nous a versés du monde continental dans le monde méditerranéen ; nous sommes devenus Romains (et même Grecs) et nous le sommes demeurés par notre esprit, nos qualités, nos tares, notre administration, nos lois. Extérieurement, nous varions à l'infini, de taille, d'allure, de visage, mais trapus ou élancés, beaux ou laids, bruns ou blonds, Bretons ou Normands, Flamands, Berrichons, Auvergnats, Provençaux, Béarnais, intérieurement nous sommes Romains, ou bien Romans, si l'on préfére.

Par cette langue latine, en somme la nôtre, nous participons à l'histoire de Rome, la plus grandiose, la plus tragique, la plus philosophique, à la fois la plus brillante et la plus sombre du monde, le suprême exemple du décours humain : enfance, adolescence, virilité, vieillesse, caducité, déclin et mort suivie de résurrection sous d'autres formes de vie ; elle nous donne la clé du destin des peuples, de nos raisons et moyens d'être, de durer, et nous refusons de puiser à pleines mains dans ce trésor !

Qui pourrait croire que les *Niebelungen*, les légendes saxonnes, l'Heptarchie, la grandeur et la décadence des Goths aient pour nous, Français cisméditerranéens et transméditerranéens la même importance, le même suc, la même « adaptation » adéquate que celle de Rome et des peuples allaité par la Louve ?

Ce serait une redoutable erreur ; et plus redoutable encore de professer qu'il y ait intérêt à préférer l'étude de l'anglais et de l'allemand à celle du latin ! On ne sait pas vraiment le français quand on ignore la langue des Césars.

On nous dit : « Apprenez l'allemand, il facilite l'étude de l'anglais ! » Et l'on ne nous dit pas : « Apprenez le latin ; non seulement lui seul résout l'énigme de votre langue à vous, gens de France, mais dès que vous le saurez, vous connaîtrez presque l'espagnol, l'italien, le portugais, le roumain; si peu que vous ayez une moitié d'intelligence, vous comprendrez aussitôt les journaux de Madrid, de Milan, de Lisbonne, de Buenos-Aires, de Rio-de-Janeiro, de Bucarest : sans avoir jamais ouvert une grammaire ou feuilleté de dictionnaire vous entrerez en communion avec les chefs-d'œuvre des langues de *si*, sœurs chéries de la langue de *oui.* »

On nous dit aussi : « Quand vous connaîtrez les langues de l'Est et du Nord, vous entrerez dans un monde enchanté d'art et de poésie! » Il est vrai : mais Cervantès, le Camoëns, Calderon, le Dante, les grands Espagnols et les grands Italiens, autant que Shakespeare, Heine, Byron, Schiller, ouvrent toutes larges les portes rayonnantes. D'ailleurs, nous n'avons pas le temps de lire le centième de notre littérature à nous, et vous voudriez nous éterniser sur les gloses du Faust de Gœthe?

Au lieu de courir sus au latin, comme au

pelé, au gueux qui nous empêche de vendre des toiles, des draps, des cotonnades à prix de camelote, un gouvernement conscient de l'avenir maintiendrait le latin littéraire au rang dont il est trois fois digne comme langue superbe, comme langue sans laquelle on ignore le français, comme langue avec laquelle on arrive en quelques jours à comprendre et en quelques semaines à parler l'espagnol et le portugais, idiomes mondiaux, le délicieux italien et le roumain de nos cousins si malheureusement serrés entre les Russes, les Hongrois, les Serbes et les Bulgares.

Au contraire, on aurait déjà dû proposer l'adoption d'un latin simplifié comme verbe commun d'entente entre tous les Néo-Romans d'Europe, d'Afrique et d'Amérique, un latin aussi anticicéronien que possible, « dégraissé » à la moderne, avec minimum de déclinaison, de conjugaison, d'inversion, ou pas d'inversion du tout ; en un mot, un sabir qui s'apprendrait sans rides au front, sans taches d'encre au doigt, sans mâchonnement dans la bouche.

A ce sabir se rallieraient sûrement les Anglais, dont les deux tiers, sinon les trois quarts du vocabulaire sont latins; le reste des hommes suivrait ; nous rétablirions enfin la langue universelle d'autrefois, car le latin fut l'idiome universel, dans le sens de supranational, en dehors et jusqu'à un certain point au-dessus des idiomes particuliers à chaque peuple. Seulement, ce latin-là ne serait pas strict comme celui du moyen âge, toujours égal à lui-même et, confessons-le, pédantesque, amphigourique, un tantinet ridicule; il aurait pour qualité principale d'être tout à tous : le petit boutiquier parlerait, écrirait du petit latin; et de bas en haut, suivant les professions, les ambitions, les caractères, on monterait au latin le plus virgilien; même les pédants, les aigrefins, les raffinés, les quintessenciés s'enverraient des billets assez cicéroniens pour dégoûter les cuistres.

Latin savant et latin rudimentaire à part, orientons notre descendance vers nos domaines à nous plutôt que vers les domaines des autres.

Que ceux qui trouveront leur avantage ou simplement leur plaisir, leur volupté à se pénétrer des langues et des civilisations du dehors le fassent à leurs frais, risques et périls ; et de même ceux qui voudront cosmopolitiser en qualité de négociants, de professionnels, de colons, et s'aller perdre chez les Saxons, les Russes, les Latins. Tous libres : voilà la vérité !

Mais l'État ne doit pas conspirer contre la communauté ou, tel est présentement le mot, contre le syndicat qu'il préside.

Qu'il cultive son jardin, comme a conseillé Voltaire, et son jardin est immense !

Qu'il n'y bouleverse rien, par un piochage insensé ! Son jardin, ou bien plus justement ses jardins, diffèrent extraordinairement les uns des autres : il y en a de pierreux, d'argileux, de stériles, d'opulents, de sains, de fiévreux ; ici du sable, là du rocher ; à celui-ci la pioche, à celui-là la charrue, à l'autre le canal d'irrigation, à tel autre encore, la source, le puits, la mare artificielle pour faire boire le mouton, le bœuf, le chameau.

Impatients tout le long de notre histoire, devenons enfin calmes, reposés, et même flegmatiques ; sans quoi notre reste d'histoire ne serait pas bien long.

On le sait depuis qu'on soupçonne les lois de l'évolution : le milieu lutte contre le temps, mais ni le milieu, ni le temps ne sont ni vaincus, ni vainqueurs, car le temps adapte toujours l'être au milieu.

Respectons le temps puisque le moment n'est rien !

Et en attendant, respectons le milieu ! C'est folie de le brusquer ; dès qu'on l'offense, il se cabre.

Le chêne croît plus lentement que le bambou, mais à celui-ci les ans, à celui-là les siècles de durée.

Ainsi donc :

Où renaître ? En Afrique, de Gabès à Mogador, et même d'Alger à l'aigueverse entre Zambèze et Congo.

Comment durer ? En criant anathème à toute action qui s'inspirerait du terrible *Polska nierzandem stoï*.

XLV

DURABIS NE PROCUL ?

Dureras-tu ? Me survivras-tu? demandait Stace au poème qui l'avait hanté pendant douze ans.

Durera-t-elle cette Afrique française, devenue brusquement notre meilleure raison de vivre ?

Nous survivra-t-il longtemps, l'arbre de l'Empire que nous avons vu, ébahis et comme stupides, croître en branches touffues d'un vieux tronc frappé de la foudre et déjà menacé de la cognée du bûcheron?

Oui, sans doute, il peut vaincre les siècles.

Mais il n'aura raison du temps que si,

devenus infidèles à nous-mêmes, nous ne nous décourageons pas après chaque effort; si l'effort de demain ne pousse pas à contre sens de l'effort de la veille; si, le mémorable exemple de la Guyane sous les yeux, nous comprenons qu'il ne faut pas attendre des siècles avant de tracer une route, de percer une forêt, de jeter un ponceau sur un marigot; si, revenus enfin des songes de fausse gloire et souverainement dédaigneux des conquêtes continentales, nous n'avons plus d'autres ambitions que les africaines, d'autres luttes (si nous pouvons) que les africaines, d'autres triomphes que les africains.

Au cas où, là aussi, les destins concluraient contre nous, s'il nous faut jeter du lest à la mer, si la défaite nous ampute, comme elle a fait en Europe, que ce ne soit pas de l'Atlantide : nous pouvons abandonner le Niger, la Guinée, le Congo, Madagascar à la dérive des flots contraires, mais jamais plus l'Afrique Mineure : nous avons désormais deux cœurs au lieu d'un, et nous mourrions aussi certainement d'un coup de pointe dans l'un que d'un coup de stylet dans l'autre. Il importe absolument que les rives de la mer tunisienne, algérienne, tingitane et mogadorienne, nous soient aussi sacrées que celles de Normandie, de Bretagne, de Saintonge, Gascogne et Provence.

Surtout, ne séparons jamais la force de la tolérance.

Rejetons avec horreur la haine qu'on a stupidement osé traiter de créatrice : haine de race à race, de couleur à couleur, de peuple à peuple, de religion à religion, de classe à classe. La haine ne crée pas, elle détruit; elle ne conseille pas, elle irrite; elle n'aide que le néant.

Notre empire est inégal en ses parties, fait à la diable; il restera longtemps discordant.

Inscrivons donc au fronton du drapeau qui essaie de flotter à grands plis sur notre millier de peuples, les quatre vers espagnols qui célébrèrent une réconciliation de conquistadors et la fondation de la ville de la Paz, en vue du très magnifique Névado de Illimani :

Los discordes en concordia,
Amor y paz se juntaron,
Y pueblo de Paz fundaron
Para eterna memoria.

« Les discordants se sont unis en concorde, paix, amour, et en souvenir éternel ils ont fondé la ville de la Paix. »

A quoi bon? dit le nihiliste

« A quoi bon, dit le nihiliste, et pourquoi cet empire d'Afrique ? »

— « Pourquoi, mon cher ami ? Pour rien, si tu veux, puisque rien est l'unique syllabe de ta philosophie.

« Mais, à ton absolu pourquoi ne pas répondre par un contre-absolu ?» Tu dis : Rien n'est rien ! Nous en déduisons : Tout est tout !

« La vie, c'est l'action. Tu dédaignes d'agir : alors contemple jour et nuit ton nombril, ou passe-toi l'épée au travers du corps, en criant à la Néron : Allons-y : Un décadent de moins !

« Et laisse-nous notre petite part à l'éternité du renouvellement sur les deux rives de la mer latine ! »

TABLE DES MATIÈRES

Bi [illegible]

[illegible]

BN

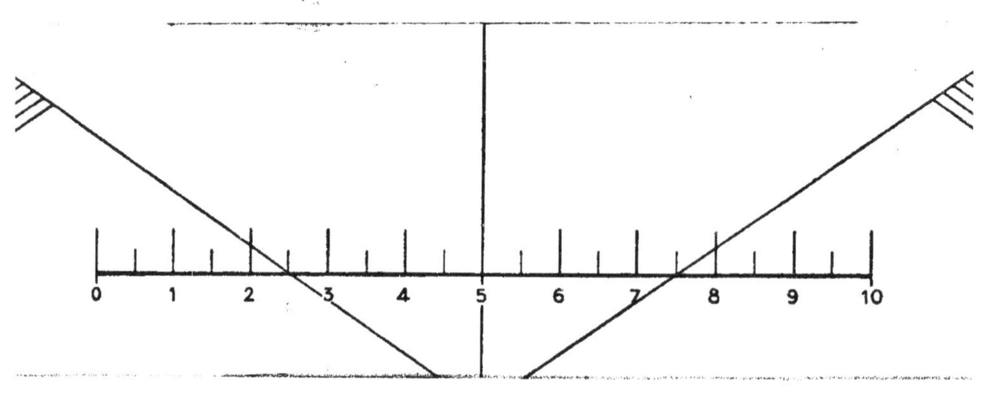
0 1 2 3 4 5 6 7 8 9 10

www.ingramcontent.com/pod-product-compliance
Ingram Content Group UK Ltd.
Pitfield, Milton Keynes, MK11 3LW, UK
UKHW021851190726
13855UKWH00001B/261

9 782013 457750